Die Kunst der Handdeutung

Christiane Eisler-Mertz

Die Kunst der Handdeutung

Mit praktischem Übungsteil

Basser**m**ann

Der Text dieses Buches entspricht den Regeln der neuen deutschen Rechtschreibung

ISBN 3 8094 1504 9

© 2003 by Bassermann Verlag, einem Unternehmen der Verlagsgruppe Random House GmbH, 81673 München
© der Originalausgabe by FALKEN Verlag, einem Unternehmen der Verlagsgruppe Random House GmbH, 81673 München

Umschlaggestaltung: Epsilon^2, Konzept & Gestaltung, Augsburg
Redaktion: Susanne Janschitz, München/Vera Baschlakow
Herstellung: Bettina Christ
Zeichnungen: Christiane Eisler-Mertz
Redaktion für diese Ausgabe: Carina Janßen
Satz: FROMM MediaDesign GmbH, Selters/Ts.

Die Ratschläge in diesem Buch sind von der Autorin und vom Verlag sorgfältig erwogen und geprüft, dennoch kann eine Garantie nicht übernommen werden. Eine Haftung der Autorin bzw. des Verlags und seiner Beauftragten für Personen-, Sach- und Vermögensschäden ist ausgeschlossen.

Druck: GGP Media, Pößneck

605000201X817 2635 4453 6271

Inhalt

Einführung

„Werde ich lange leben und und bis ins hohe Alter gesund bleiben oder erwarten mich Krankheiten?" – „Wann habe ich endlich wieder eine Liebesbegegnung?" – „Wird mein Erfolg im Beruf anhalten oder muss ich mich neu orientieren?"

Diese Fragen kommen Ihnen bekannt vor? Dann waren Sie wohl schon mal bei einer Handberatung und wollten das alles genau wissen! Damit sind Sie aber keine Ausnahme! Fast alle Leute stellen diese Fragen und machen dabei die gleiche Geste: Sie strecken erwartungsvoll beide Hände aus und zeigen die Innenflächen, damit der Beratende mit Kennerblick alle Geheimnisse aus den Linien entnehmen kann.

Und häufig hört man hinterher noch einen etwas leiser gesprochenen Satz wie diesen: „Ich soll nämlich eine kurze Lebenslinie haben, und daher fürchte ich – na ja …" Oder: „Bei mir ist die Herzlinie zerrissen. Ich hab ja auch solches Pech mit Partnern gehabt!" Oder: „Woran liegt es, dass ich ständig Schwierigkeiten im Beruf habe und am liebsten aufhören würde?"

Eigentlich geht man bei der Deutung der Hände behutsam vor: Wie bei einer Zwiebel wird Schale um Schale enthüllt, um an den Kern vorzustoßen. Aber – Hand aufs Herz! – wenn Ihnen diese Fragen auf der Seele liegen, werden Sie dann nicht schnell das Kapitel „Lebenslinie" aufschlagen und nachlesen, was da steht, dabei in Ihre Hände schauen und vergleichen?

In unserer Landkarte der Hände brauchen Sie nicht vorzublättern. Sie finden nach einigen Seiten alles, was Sie interessiert, ganz ausführlich beschrieben: Die Lebenslinie in ihren verschiedenen Varianten, lang oder kurz, verästelt oder doppelgleisig. Garantiert ist Ihre Lebenslinie dabei!

Zu den Aussagen über Gefühlsmöglichkeiten oder Berufsentfaltung und -ausübung ist dann der Weg nicht mehr weit. Zusätzlich werden Sie zahlreiche Berge, Linien, Bilder und Zeichen in Ihrer Hand entdecken, die Ihnen neue und viel versprechende Bereiche erschließen.

Um eines kommen Sie allerdings nicht herum: Die ersten Seiten des Buches (Seite 11 bis 20) sollten Sie auf jeden Fall lesen, damit Sie Ihr Handbild richtig beurteilen können!

Und ich denke, dass Sie dabei auch Spaß haben werden.

Arbeitsblock I

1. Eine wichtige Grundeinteilung: Die linke und die rechte Hand

Wir haben eine linke und eine rechte Hand. Bitte werfen Sie einmal einen Blick auf Ihre eigenen Handinnenflächen, denn unser erster Lehrmeister und das erste Lernziel sind immer wir selbst. – Mit der Zeit werden Sie feststellen, dass Ihre Hände höchst verschieden sind! Sie verraten uns zwar beide die gleichen Eigenschaften und Veranlagungen, die gleichen Begabungen und Möglichkeiten, die gleichen Schwierigkeiten und Warnungen, weisen aber auch auf innere Widersprüche, die noch auszugleichen sind, hin.

Die *linke Hand* spiegelt wider, wie wir innerlich mit diesen Kräften umgehen, wie wir im stillen Kämmerlein mit ihnen fertig werden. Die *rechte Hand* zeigt uns die gleichen Kräfte, aber hier sieht man, wie wir in der Außenwelt auftreten, welchen Eindruck wir erwecken – und auch erwecken wollen! Mit diesem Verhalten andern gegenüber kommen wir nämlich im Privatleben und im Beruf am besten zurecht und wir verstellen uns dabei nicht.

Wir sind fleißig oder ehrgeizig, bescheiden oder zielstrebig. Wir sind liebenswert und zurückhaltend oder lustig und überall beliebt. Wir stehen gern im Mittelpunkt und nehmen alles nicht so schwer. Oder wir erwecken durch unsere Hilflosigkeit Mitgefühl und alle sind stets bereit, uns zu beschützen und uns zu helfen. Mit diesen unterschiedlichen Verhaltensweisen segeln wir am sichersten durch die Klippen des Lebens. *Das sehen wir in der Rechten.* Innerlich sieht es allerdings häufig recht anders aus. Unsere Launenhaftigkeit und stete Unzufriedenheit wollen wir nicht zeigen, heftige Zuneigung oder Süchtigkeit verbergen, Wut und Hass nicht an die Oberfläche lassen. Aber auch unsere Zärtlichkeit, die ängstliche Verletzbarkeit unserer Liebesgefühle soll uns keiner anmerken. *Das alles kann uns die linke Hand offenbaren.*

Übrigens gilt das genauso für Linkshänder, denn die bessere Koordinierung der linken Hand bei praktischen Tätigkeiten erstreckt sich nur auf manuelle Fähigkeiten: Schreiben, Malen, Werken, Basteln usw. Die Funktionen unserer inneren Organe – Leber, Niere, Lunge usw. – sind bei Links- und Rechtshändern gleich. Uns geht es ja um das Charakterbild, das in die Landschaft der Hände eingezeichnet ist.

Beachten Sie also bitte bei allen Aussagen:

Was Sie in der linken Hand sehen können, geht meist nur Sie selbst an. Das nimmt die Umwelt kaum zur Kenntnis, oft nicht einmal der nahe stehende Mensch: geheime Anlagen, Triebe, Ängste, Wünsche, die Sie nicht zeigen.

Was Sie in der rechten Hand sehen, das ist Ihr Erscheinungsbild. So treten Sie auf, so wirken Sie auf die Umwelt. Es ist Ihr Alltagskleid oder Anzug. Sie fühlen sich damit am sichersten.

Was in beiden Handbildern gleich ist – Berge, Linien, Zeichen in der Innen- und Außenhand –, damit haben Sie meistens keine oder höchstens gut zu bewältigende Probleme.

2. Die Ich- und die Du-Seite

In allen Kulturen, die sich mit Chirologie, also der Lehre von der Hand befassen, wird die Einteilung in eine Ich- und eine Du-Seite vorgenommen. Sie ziehen im Geiste eine Mittellinie durch den Mittelfinger bis hinunter zur Handwurzel. Und zwar links und rechts. Und nun drehen Sie kurz Ihre Hände um: Auch die Außenhand wird im Geiste so geteilt. Daumen, Zeigefinger und halber Mittelfinger gehören auf die Ich-Seite. Halber Mittelfinger, Ringfinger und kleiner Finger auf die Du-Seite.

Die *Ich-Seite* ist bei beiden Händen diejenige, die zum Überleben notwendig ist! Mit Daumen, Zeigefinger und Mittelfinger können Sie Brot oder Nahrung zum Munde führen, aus einem Glas trinken, sich anziehen, kämmen, schreiben. Sie können etwas anpacken und aufstellen, Geräte und Werkzeug halten und sogar eine Waffe benutzen. Alle Überlebensfunktionen sind möglich. Diese elementaren Forderungen

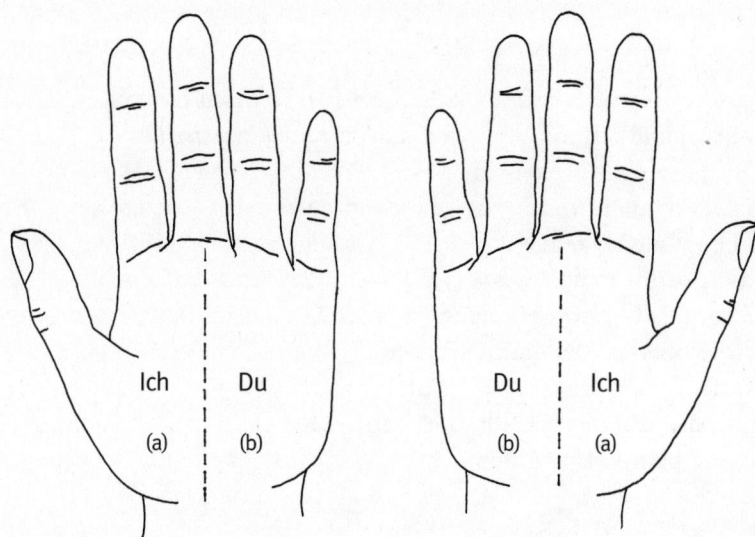

Abb. 1: Die Ich- und die Du-Seite

stellt das Ich und wir können von einer egozentrischen Grundausrichtung aller Menschen sprechen. Sie ist nicht als Egoismus abzuwerten!

Die *Du-Seite* wird in beiden Händen durch den halben Mittelfinger, den Ringfinger und den kleinen Finger symbolisiert. Versuchen Sie einmal, mit diesen drei Fingern irgend etwas zu machen – Sie werden keine Tätigkeit fertig bringen. Erst wenn wir unsere Ich-Kräfte erprobt haben, können wir unsere Du-Kräfte und ihre Anlagen entwickeln. So ist die gesamte Du-Seite der Hand auch dieser Aufgabe gewidmet: unserem Eingehen auf die Außenwelt, zum Beispiel in Familie und Beruf, und der Durchsetzung unserer Fähigkeiten.

Eine kleine Hilfe: Ein sehr abgespreizter Daumen gehört meist in eine Ich-betonte Hand. Eine Ausbuchtung an der Handkante unterhalb des kleinen Fingers gehört eher einer Du-betonten Hand. Wenn Sie unschlüssig sind, ordnen Sie die Hände in die Charakteristik der gleichmäßig verteilten Bereiche ein.

3. Die vier Quadranten in der Hand

Wir teilen unsere Hände zusätzlich in Quadranten ein. Sie kennen das aus allen Landkarten: Nach der Senkrechten brauchen wir eine Waagerechte. Sie ziehen wieder im Geiste eine Linie, diesmal von etwas über dem Daumenansatz bis zur Handkante, wo sie etwa zwischen Kopf- und Herzlinie enden sollte. Bei leicht abgespreiztem Daumen können Sie die Daumenspitze anvisieren. Meist verläuft diese Linie nicht gerade. Aber das Grobraster erlaubt uns doch übersichtliche Zuordnungen. Sind die oberen Quadranten betonter als die unteren? Das entscheidet meist der Daumenansatz. Ein hoher Daumenansatz entspricht einer Betonung der unteren Quadranten, ein tiefer Daumenansatz einer Betonung der oberen Quadranten.

Die Ich-Seite hat jetzt zwei Bereiche: den Innen-Ich-Bereich (unten) und den Außen-Ich-Bereich (oben).

Die Du-Seite hat ebenfalls zwei Bereiche: den Innen-Du-Bereich (unten) und den Außen-Du-Bereich (oben).

Der Innen-Ich-Quadrant I symbolisiert im Daumen Sexualtrieb und Energie, im Daumenballen Liebe und Gefühl und unten an der Handwurzel den Überlebensinstinkt, der zur Hälfte in den Du-Bereich übergeht.

In diesem Innen-Ich-Quadranten finden wir die Lebensvitalität, um die unser Ich erst einmal kreist. Ferner die Fähigkeit zu starken Gefühlen und den Instinkt, uns elementar zu behaupten.

Dann erst sind wir bereit für Quadrant II, unseren Innen-Du-Bereich. Hier drängt der Instinkt (Handwurzel) zum Du, das unser ganzes Wesen oft urplötzlich verändern kann, und das wir mit unserer ganzen Seele und mit unserem Gemüt suchen, um mit ihm eine Partnerschaft einzugehen. Dies zeigen uns später auch der Berg der Einfallskraft sowie der Mond-Seelen-Berg, die an der Handkantenseite liegen. Diese beiden Quadranten symbolisieren also unsere Innenwelt.

Im Quadrant III sind wir auf das Außen-Du eingestellt. Wir nehmen alle Emotionen unserer Umwelt durch die Herzlinie auf. Und wir setzen uns mit unserem Denken und Handeln bei anderen und für andere durch.

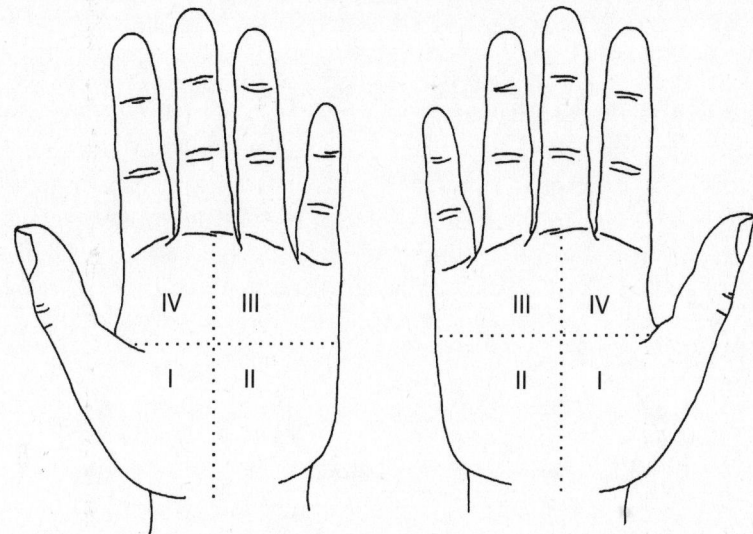

Abb. 2: Die vier Quadranten

Im Quadrant IV, dem Außen-Ich-Bereich, haben wir uns nach intensiven Du-Phasen wieder mit Konzentration und Verantwortung (halber Berg unter Mittelfinger) der eigenen Sinnentfaltung zuzuwenden (Berg unter Zeigefinger). Wir sollten – wenn möglich – auch noch einmal die Energien aktivieren, mit denen wir angetreten sind (Daumenberg). Dieser Quadrant wäre mit der letzten Lebensphase, der eigenen Einkehr und Besinnung, gleichzusetzen. Diese beiden Quadranten symbolisieren also unsere Begegnung mit der Außenwelt.

Bei allen vier Quadranten ist entscheidend, ob sie links oder rechts besonders ausgeprägt sind. Was unbewusst links vorhanden ist, kann im bewussten Ausleben entweder Schwierigkeiten bereiten oder aber Hilfestellung geben. Was rechts (bewusst) ausgeprägt ist, muss nicht immer mit der inneren Anlage übereinstimmen. Wenn man sie aber kennt, kann sie uns bei der Lebensbewältigung von Nutzen sein.

3.1 Stark betonter Ich-Bereich

Daumen und Daumenballen, Zeigefinger und Mittelfinger sind deutlich kräftiger und dominanter als die Du-Hälfte der Hand. Meist ist der Daumen sehr breit oder lang, oft lässt er sich weit abspreizen und hat eine runde Fingerkuppe. Er läuft im wuchtigen Daumenballen aus. Dieser ist stark gewölbt und eindeutig der größte Berg in der Handlandschaft. Die Haut ist recht prall und von wenigen starken Linien durchzogen. Der Zeigefinger ist gerade, kräftig und rund, länger als der Ringfinger und wenig kürzer als der Mittelfinger.

Diese Ich-Betonung zeigt uns an: Der Handeigner soll sich bei allem, was er tut, ganz in die Bresche werfen. Der kraftvolle Daumen verrät ungehemmte Energien und hohe Vitalität. Je weiter er sich – ohne akrobatische Kunststücke – abspreizen lässt, um so fordernder. Die Aktivität kann zu Rücksichtslosigkeit verführen. Ein meist starkes Sexualbedürfnis will sich ausleben – hier spielt das Alter eine gewisse Rolle. Der gewölbte Daumenballen verrät Liebesgefühl und Liebesbedürfnis, Sinnen- und Genussfreudigkeit. Kommt ein runder, starker Zeigefinger dazu, ist der Wunsch nach Selbstverwirklichung, eigener Durchsetzung mit Führungsfähigkeit vorhanden – aber auch Eitelkeit und manchmal übersteigerte Selbsteinschätzung. Der kraftvolle Mittelfinger weist darauf hin, dass alle Gaben für eine sinnvolle Aufgabe eingesetzt werden sollten.

Finden wir diese Merkmale links, und kommen sie im Beruf oder Privatleben nicht zum Einsatz, dann leben sie oft als unterdrückter Wunsch und unerfüllter Geltungsanspruch in uns. Ehe sie sich im engen Kreis als Streitsucht und Rechthaberei entladen (Haustyrann, Stammtischpolitiker, Besserwisser), sollte unbedingt ein Freizeithobby angestrebt werden: etwa Leistungssport, etwas Besonderes lernen, in Vereinen oder Gruppen leitende Aufgaben übernehmen, politische und soziale Verantwortung anstreben, Ängstlichen und Schwachen Halt geben, ein Vorbild an Zivilcourage werden. Kurz, alles, was den inneren Selbstwert bestätigt.

Finden wir diese Merkmale rechts, sollte der Handeigner einen Beruf mit Führungsaufgabe und Verantwortung anstreben. Als Lokomotive andere mitziehen, nicht überfahren! Großmut und Mut sind in der An-

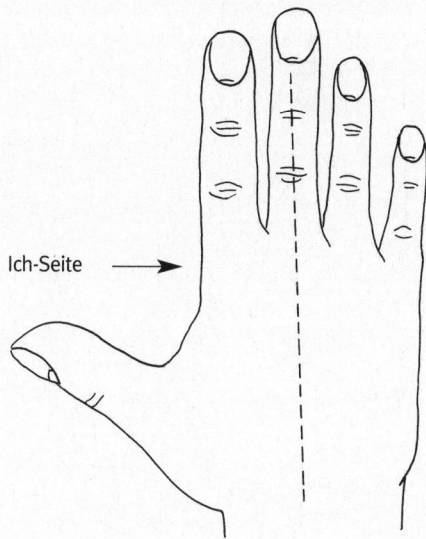

Ich-Seite ⟶

Abb. 3: Stark betonter Ich-Bereich

lage vorhanden. Selbstständigkeit im Beruf könnte man durchaus anra-
ten. Einsatz und Risikofreude trainieren! Je reifer der Handeigner wird,
um so mehr sollte er Vorbild- und Beschützerrollen anstreben. Egozentrik und Egoismus können bei Menschen mit starker Ich-Bereich-Beto-
nung zu Rücksichtslosigkeit, Machtstreben und Selbstüberschätzung
ausarten. Es liegt immer an uns, wie wir mit den Anlagen umgehen!
Finden Sie bei sich und anderen Ähnlichkeiten im Ich-Bereich mit diesen Charakteristika, dann gehören Sie zu diesem Grundtypus.

3.2 Stark betonter Du-Bereich

Mittelfinger, Ringfinger und kleiner Finger nehmen hier deutlich mehr
Raum ein als die Ich-Seite der Hand. Auffallend ist meist eine Ausbuchtung der äußeren Handkante und eine starke Wölbung der Berge
dieser Seite. Der Instinktbereich unten an der Handwurzel drängt mit
seiner größeren Hälfte hin zum Du. Manchmal ist auch unten außen an
der Handkante eine Erhöhung sichtbar: der Berg der Einfälle.

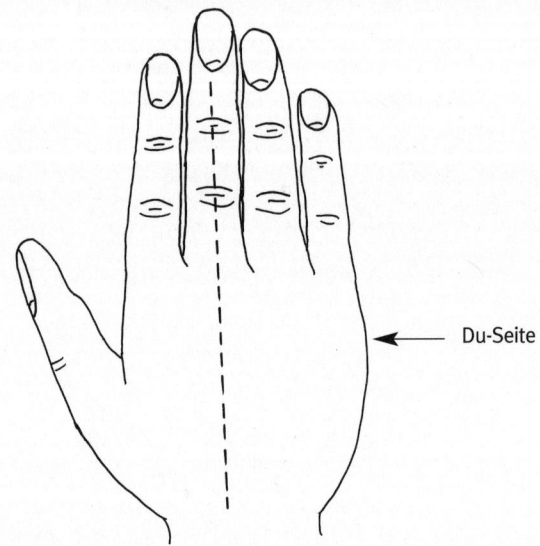

Abb. 4: Stark betonter Du-Bereich

Der große, rundgewölbte Berg an der Handkante symbolisiert die Seele, das Gemüt. Er ist oft größer als der Daumenballen. Und es ist erstaunlich häufig, dass in der Seele eines Menschen größere Kräfte und eine stärkere Bereitschaft für das Du vorhanden sind als Liebesgefühle sich selbst gegenüber.

Diese Du-Bereich-Betonung zeigt uns an: Der Handeigner sollte versuchen, in einem Team oder Gemeinschaft tätig zu sein. Er könnte auch im Hintergrund stehen – das schmälert sein Ansehen nicht im Geringsten. Etwas geschützt kann er sich viel besser entfalten. Hier sollte man versuchen, die Ideale (langer, ausgeprägter Ringfinger) mit Ernst und Pflichtgefühl (dominanter Mittelfinger) für die Umwelt umzusetzen. Soziale Berufe bieten sich an – auch solche, in denen man gut Geld verdienen kann. Ebenso Berufe mit künstlerischem Einschlag, bei denen die Kreativität entwickelt werden kann – jedes künstlerische Gestalten.

Finden wir diese Merkmale links und kommen sie im Beruf oder im Privatleben nicht zum Einsatz, dann leben sie als unterdrückte Sehnsucht in uns. Dies ist besonders ausgeprägt, wenn ein realistischer Beruf diese Anlagen nicht ausleben lässt: Kaufmann, Banker, Beamter, Verwaltung, Versicherung, Computer, Management – ebenso rein praktische Haushalts- oder Familienanforderungen. Das könnte sich als Wehleidigkeit oder dauernde innere Überforderung negativ auswirken. Es sollte in der Freizeit unbedingt ein Hobby angestrebt werden!

Finden wir diese Merkmale rechts, wäre ein Beruf mit gesichertem Einkommen oder einer gewissen finanziellen Rückendeckung durch Partner ratsam, sonst könnten Existenzängste aufkommen. Soziale Berufe bieten sich an, aber auch Berufe mit künstlerischer, kreativer Ausrichtung. Vermögen zu erwerben, kann durchaus angestrebt werden, wenn auch – im weitesten Sinn – praktischer Dienst am Nächsten diese Handeigner befriedigt. Die eigene Uneigennützigkeit aber bitte nicht wie einen Heiligenschein pflegen, etwa mit der Einstellung „Einer muss es ja tun!"

3.3 Gleichmäßiger Ich- und Du-Bereich

Sie können in Ihren Händen keinen besonders betonten Bereich feststellen? Dann haben Sie eine ausgewogene Hand. (Wenn Ihr Auge etwas geschulter geworden ist, werden Sie feststellen, dass eine Handhälfte immer etwas betonter ist.)

Die Handeigner etwa gleich betonter Ich- und Du-Bereiche können recht gut führen und dominant sein wie auch kreativ im Team arbeiten. Sehr häufig ist bei diesem Sowohl-als-auch ein Wechsel im Beruf zu finden: mal selbstständig, mal in einer Gemeinschaft. Zeiten des Familienlebens zu Hause werden abgelöst von Phasen mit ganz anderen Aufgaben. Die Übergänge sind für diese Menschen gut zu verkraften, ja oft ein Bedürfnis. Die Schwierigkeiten der Handeigner mit gleichen Bereichen liegen oft in einer Unentschlossenheit begründet: Man ist für nichts 100-prozentig zu begeistern, aber auch von nichts richtig abzuschrecken. Alles ist machbar und möglich, aber man kann es auch sein lassen. Sie kommen auf allen Gebieten gut zurecht und sind überall einsetzbar. Man kann sie aber auch leicht entbehren und vermisst sie nicht so schnell. Darauf müssen diese Handeigner sehr achten, und in der Außenwelt (rechts) oder in ihrem Inneren (links) Schwerpunkte setzen.

In Abbildung 5a, b, c sehen Sie alle drei Handtypen noch einmal im Vergleich. Wie ordnen Sie Ihre Hände ein?

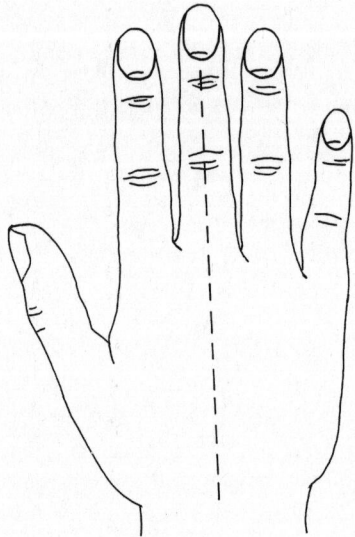

Abb. 5: Gleichmäßiger Ich- und Du-Bereich

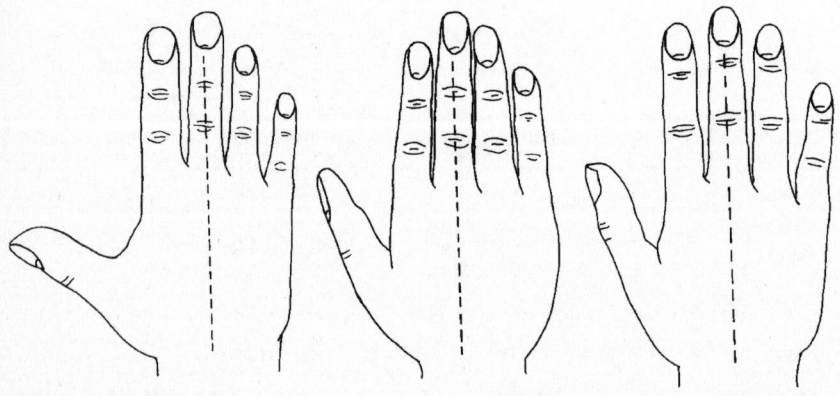

Abb. 5a: Ich-Betonung   **Abb. 5b: Du-Betonung**   **Abb. 5c: Gleichmäßiger Ich- und Du-Bereich**

Arbeitsblock II

1. Die drei Hauptlinien

1.1 Lebenslinie – Kopflinie – Herzlinie in der linken Hand

In allen Händen sind die drei Hauptlinien vorhanden. Hier finden Sie aber auch schon deutlich sichtbare Unterschiede zwischen den Bildern der linken und der rechten Hand. Diese drei Linien sind sozusagen die Hauptflüsse in der Landschaft. Es ist daher bedeutsam, welche „Gegenden" – also Quadranten – sie durchfließen, welche anderen Flüsse sie kreuzen und wohin sie münden. In allen Kulturen hatten diese drei Furchen den höchsten Stellenwert und erfuhren die vielfältigsten Aussagen. Man kann sie heute schon mit Ultraschall beim Embryo sehen. Und der kleine Säugling verbirgt die Innenlandschaft der Hände meist in geballten Fäustchen. Er lässt sich nur ungern die Finger auseinander spreizen und in die Hand hineinblicken.

Nummer 1 der drei Hauptlinien in Abb. 6 ist die *Lebenslinie,* auch Vitalis genannt. Sie beginnt in der linken Hand etwas oberhalb des Daumens und verläuft in geschwungenem Bogen in Richtung Handansatz, oberhalb dessen sie 1 bis 1 1/2 cm endet. Sie wird in allen schematischen Abbildungen so gezeichnet, muss aber durchaus nicht so aussehen, wie wir später sehen werden.

Diese Vitalis ist meist die am deutlichsten ausgeprägte Furche. Sie umschließt den Daumenballen, ist also fast völlig im Ich-Bereich verankert. Sehr häufig fällt ihr Ansatz mit der gedachten Horizontalen über dem Quadranten I zusammen, besonders wenn wir einen hoch angesetzten Daumen haben. Bei tief angesetzten Daumen ist die Horizontale unterhalb des Lebenslinienbeginns. Die Vitalis ist das Symbol unserer Lebensintensität. Sie sagt aus: Ich will leben!

Über dem Anfang der Lebenslinie finden wir auch den Beginn der *Kopflinie* (2 in Abb. 6). Der Ansatz der Kopflinie ist also auch im Quadrant I, im Innen-Ich, oder im Quadrant IV, im Außen-Ich. Die Kopflinie nennt man auch die „Linie des Menschen". Sie symbolisiert unsere Denkintensität. Das hat nichts mit Schulbildung zu tun. Sie gibt Auskunft über den Gebrauch unseres Verstandes. Und den kann man als Volksschüler nutzen oder verkümmern lassen – genauso wie als Hochschulprofessor.

Die *Herzlinie* (3 in Abb. 6) oder Emotionalis beginnt immer und in allen Kulturen außen an der Handkante und symbolisiert unsere Gefühlsintensität. Sie strebt in einem Bogen in Richtung Zeigefinger. Sie weist oft viele Zeichen auf. Sie erzählt von den Gefühlsschwankungen der Freude und Trauer, emotionalen Bindungen und Enttäuschungen.

1.2 Lebenslinie – Kopflinie – Herzlinie in der rechten Hand

Es ist für unsere Selbsteinschätzung und unsere Menschenkenntnis überaus wichtig, die drei Hauptlinien rechts richtig zu beurteilen. Wir neigen eher dazu, uns mit der linken Hand gleichzusetzen: So bin ich wirklich!

Aber rechts sehen wir deutlicher, wie wir auftreten, wie wir uns in der Umwelt bewegen. Und vor allem: Wie uns die Umwelt sieht und einschätzt! Hier sollten wir also besonders darauf achten, wo der Unterschied zur linken Hand ins Auge fällt. Eine *Lebenslinie* rechts kann enger oder weiter sein als in der linken Hand, kürzer oder zerrissen oder auch verdoppelt. Sie hat vielleicht eine Insel und mehrere Äste. Aber links ist ihr Bogen ungebrochen. Dieser Handeigner wird für die Umwelt sehr viel gebeutelter wirken, mit deutlich erlebten Schicksalszäsuren. Er gibt sich auch so und verlangt, dass man darauf eingeht. Möglicherweise weiß nur er selbst, dass er innerlich unbeirrbar, ja unbeugsam seiner Lebensintensität vertraut. Manchmal weiß er es auch selbst nicht und wundert sich im Geheimen, woher ihm diese Kräfte zufließen!

Im Gegensatz dazu hat ein anderer Handeigner rechts eine stark gezeichnete, wie ein großes C geschwungene Lebenslinie ohne Brüche und

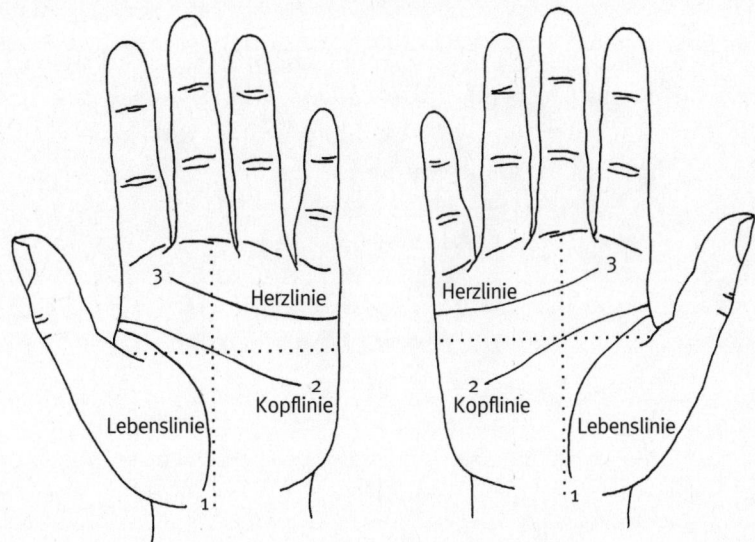

Abb. 6: Die Drei Hauptlinien – Lebenslinie, Kopflinie, Herzlinie

Zweige. Aber links ein sehr viel differenzierteres, wirres Lebenslinienbild – dann erscheint der Handeigner der Umwelt und auch manchmal sich selbst ungebrochen in der Lebensintensität und Bewältigung aller Schwierigkeiten. Die innere Zerrissenheit bei Problemen glaubt man ihm nicht. Er selbst kann oft nicht begreifen, warum er häufig solche Ängste hat und vor Problemen am liebsten davonlaufen würde.

Wenn die Lebenslinien links und rechts sehr ähnlich verlaufen, dann decken sich innere und äußere Lebensintensität weitgehend. Ein inneres „Stehaufmännchen" wird sich auch in der Umwelt deutlich zeigen. Ein äußerer Zusammenbruch kann auch innerlich fast zu einer Selbstaufgabe führen.

Die *Kopflinie* rechts zeigt uns besonders eindringlich, wie unsere Verstandeskräfte in der Außenwelt zur Geltung kommen. Wo sie hinziehen (Äste), wann sie Pausen haben (Inseln) oder Haltepunkte (Durchstreichungen).

Das kann bei Berufswahl, Umschulung oder Lernzielen im fortgeschrittenen Lebensalter wegweisend sein.

Die *Herzlinie* oder Emotionalis rechts weist sehr oft starke Unterschiede zur linken Hand auf. Oft ist sie rechts viel glatter und deutlicher als links. Diese Furche symbolisiert unsere gefühlsmäßigen Hochs und Tiefs. Wer nun rechts eine glattere Linie besitzt, wird vielleicht Herzensdinge nicht leicht offenbaren und nach außen eher „cool" wirken.

2. Die Lebenslinie

2.1 Was sagt uns die Lebenslinie über unsere Lebensdauer?

Die erste Frage, die alle bewegt, die etwas aus ihren Händen erfahren wollen, ist immer die gleiche: Wie lange lebe ich? Sieht man das Ende? Wann werde ich sterben? Besonders angstvoll ist die Frage, wenn der Handeigner mit Krankheiten umgehen muss. Und er ist völlig verzweifelt, wenn einmal jemand behauptet hat, dass die kurze Lebenslinie ihm unweigerlich den nahen Tod prophezeit. *Das stimmt nicht!* Meiden Sie diese unwissenden und sich wichtig nehmenden Personen. Dummheit und Geltungsbedürfnis verführen zu solchen Aussagen. Die Stunde der Abberufung ist ein göttliches Geheimnis. Die Lehre der Hand ist über 5000 Jahre alt und in allen Kulturen beheimatet. Das Lebensende zu erschauen ist genauso ein Rätsel geblieben, wie den Schicksalsablauf genau vorherzusagen. Alle esoterischen Disziplinen, wie die Astrologie, die Numerologie, Tarot oder Pendeln können vieles erkennen, Krisen, schwierige Zeiten, Abbruch oder Neuanfang. Aber daraus ein physisches Ende vorauszusagen, ist unverantwortlich! Natürlich kann es zufällig einmal stimmen – aber es wird immer nur publik, wenn so ein Ableben auch eintraf. Die vielen schwarzen Prophezeiungen, die glimpflich abliefen, werden beschämt verschwiegen. Aber die Verunsicherung oder Angst bleibt haften! Familiäre Voraussetzungen, politische oder geschichtliche Zeitläufte können wir nicht voraussehen!

Die Lebenslinie sagt uns etwas über unsere Lebensintensität. Sie ist auch kein Anzeiger für körperliche Gesundheit. Krankheitssymptome kann ein Arzt oder Heilkundiger aus vielerlei Anzeichen des gesamten Körpers ersehen – aber kein Handdeuter ohne medizinisches Fachwissen aus Kreuzen, Ästen oder Omen in der Hand! Es gibt zwar Menschen mit „sehenden" Augen oder einer übersinnlichen Wahrnehmung, einem „zweiten Gesicht". Aber sie sind äußerst selten und gehören keineswegs zur „normalen" Zunft der Handdeuter. Seien Sie also bei solchen Prognosen abweisend und argwöhnisch! Denn die Geheimnisse der Lebenslinie sind ganz anderer, aber ebenfalls höchst aufschlussreicher Art!

2.2 Die Länge der Lebenslinie

Die lange Lebenslinie (Abb. 7a)

Links: Die klassische lange Linie sagt uns hier, dass Lebenswille und Intensität bis zum letzten Tag genutzt werden müssen – unabhängig von der Zahl der Jahre. Verluste dürfen nicht gleichgültig machen, Schicksalsschläge uns nicht abstumpfen lassen. Das ist oft ein Merkmal von Menschen, die trotz harter äußerer Bürden ihre Selbstbehauptung einsetzen.

Rechts: Man findet immer wieder Kräfte zur Bewältigung aller Hürden. Kriege, Flucht, Entbehrung, Wiederaufbau werden bewältigt. In friedlichen Zeiten ist diese Linie eine Aufforderung, sich nicht auf Ausreden auszuruhen! „Ach, der Haushalt, die Kinder, der Hund, der Garten und ich hab doch mein Leben lang gearbeitet, jetzt kann ich mal das Leben genießen!" – Falsch! Die Aktivität war der Genuss!

Haben wir diese lange Linie nur in einer Hand, sollte man ihr vertrauen. Sie ist eine Hilfe! Links für den Lebensmut, rechts für den tatkräftigen Einsatz. In beiden Händen vorhanden wird beides dem Handeigner ein Bedürfnis sein.

Die kürzere Lebenslinie (Abb. 7b)

Dies ist besonders wichtig, wenn der Handeigner 50 bis 60 Jahre ist:

Links: Die Lebensintensität nicht verkümmern lassen! Sich nicht fallen lassen in Desinteresse an Dingen, die einmal Freude und Erfüllung geschenkt haben. Das ist oft parallel zum Arbeitsausstieg oder Frühpensionierung und Rente. Ehefrauen ohne Beruf lassen sich oft anstecken. Die innere Einstellung: „Ich bin ja dauernd beschäftigt und habe nie Zeit" kann gefährlich werden.

Rechts: Nach Auflösung der Familienpflichten nicht nur Ruhe genießen, Fernsehen schauen, Kaffeebesuche machen. Hobbykräfte müssen aktiviert werden. Welche, zeigen die anderen Gaben in der Hand. Oft weisen auch die Zweige am Ende der Furche die Richtung.

Die mittelkurze Lebenslinie (Abb. 7c)

Dies ist besonders wichtig, wenn der Handeigner um die 40 Jahre ist:

Links: Keine Angst! Man kann uralt werden! Schauen Sie auf die zahlreichen feinen Linien, die über den Daumenballen auf die Lebenslinie zufließen! Sie übernehmen als Energielinien den Transport der Lebensintensität als kleine Bäche statt des großen Flusses. Hier sollte man gezielt aus anderen Linien oder aus Bergen Anregungen aufnehmen, was die innere Vitalis bereichern kann.

Rechts: Möglicherweise wird sich in diesen Jahren um die 40 die Lebensintensität neu orientieren. Umschwünge, Beendigungen von Lebensabschnitten können einschneidend sein. Auch positiver Art: etwa ein neuer Beruf, eine neue Heimat, ein anderer Partner. Die Auflösung der Familie kann als Lebensende empfunden werden – ist es aber nicht! Derselbe Einschnitt erscheint Handeignern mit langer Lebenslinie problemloser – sie haben da vielleicht eine Insel in der Linie, die sie leichter umfließt.

Die kurze Lebenslinie (Abb. 7d)

Man würde ihre Hauptaussage etwa für ein Alter zwischen 20 und 30 Jahren ansetzen. So eine kurze Linie ist selten – wenn sie auftritt, meist nur in einer Hand. Fast immer setzt sie ein Stück tiefer wieder neu an. Ist sie aber wirklich so kurz, dann könnte man folgern: Ein Ereignis – das muss keine Krankheit, kein Unfall sein – wird eine Reifestufe total beenden.

Links: Etwas hat innerlich einen Haltepunkt gesetzt. Man wird vom Saulus zum Paulus. Oft merkt das die Umwelt gar nicht so, aber man ist ein „anderer Mensch" geworden. Innerliche Kehrtwendungen sind möglich. Äste, Gabeln oder Linienkreuzungen sind wichtig. Manchmal bedeutet das eine Glaubensänderung, in der heutigen Zeit auch Hinwendung zu einer esoterischen Lebenshaltung. Oder auch zu radikaler

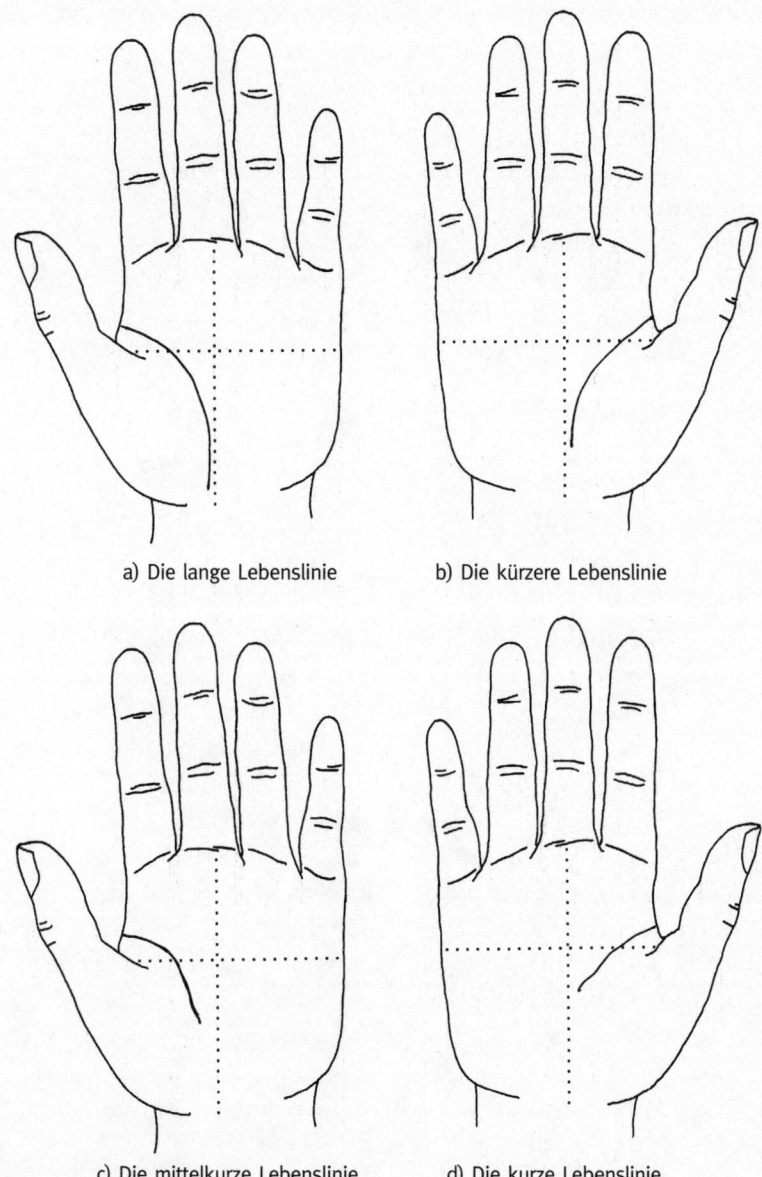

a) Die lange Lebenslinie   b) Die kürzere Lebenslinie

c) Die mittelkurze Lebenslinie   d) Die kurze Lebenslinie

Abb. 7: Die Länge der Lebenslinie

Lebensverachtung. Das bewegendste Beispiel war für mich eine sich dem Rentenalter nähernde Firmenchefin mit ganz kurzer Lebenslinie links. Sie sagte mir: „Seit ich als junge Hilfsschwester Verwundeten geholfen und Pflegedienste in der Dritten Welt geleistet habe, ist mein ganzes Bestreben, jetzt und nach meinem Berufsende eine Mutter Theresa zu werden."

Rechts: Im äußeren Lebensablauf oft ein Haltepunkt – kein Lebensende! Aber möglicherweise radikale Umkehr der Umweltumstände: Fleischesser wird Vegetarier, Mannequin wird Ordensschwester, Jurist bricht Studium ab und wird aktiver Tierschützer oder auch Anarchist oder Krimineller.

Es ist äußerst selten, dass beide Lebenslinien kurz sind! Hier sollte die Orientierung an der längeren Linie mit ihren Gabeln und Ästen Vorrang haben!

2.3 Die Weite der Lebenslinie

Lebenslinie bleibt im Ich-Bereich (Abb. 8a)

Die Vitalis verbleibt in einem engen Bogen ganz im Ich-Bereich, sie kann im Außen-Ich beginnen, aber auch ganz im Innen-Ich verweilen. Keineswegs sind solche Menschen pauschal als Egoisten zu verurteilen. Sie verbrauchen und brauchen ihre Ursprungskräfte allerdings vornehmlich für das eigene Überleben und Durchsetzen.

Links: Vorsichtiger Einsatz der Willens- und Triebkräfte, die insgesamt eher zurückgehalten werden. Eine gewisse Scheu vor dem Du, Angst, sich zu verausgaben und keine innere Reserve mehr zu haben. Man kann ganz gut für sich allein sein, besonders, wenn der Bogen nur im Innen-Ich-Bereich bleibt.

Rechts: Ich-Bezogenheit ist oft ein Eigenschutz gegen die Umwelt. Man bewahrt sich eine deutliche Distanzzone zur Umwelt. Dadurch wirkt man kontaktscheu, sogar einsam, manchmal eigenbrötlerisch. Gefühle werden auf Sparflamme gehalten.

Lebenslinie bleibt fast im Ich-Bereich (Abb. 8b)

Meist ist hier der Beginn im Außen-Ich-Quadranten. Alle Impulse für die eigene Lebensqualität werden aufgenommen und verarbeitet. Aufstrebende Linien der Vitalis in den Außen-Ich-Quadranten sind Signale, die Lebensenergien stark für die eigene Entwicklung zu nutzen.

Links: Innere Reserven für Lebensbewältigung, Lernziele und Ideale. Da eine solche Lebenslinie in ihrem Ende die Mitte der Hand erreicht, und hier oft Zweige in den Ich- oder Du-Bereich wachsen lässt, gilt diese Weite meist als recht harmonisch. Sie hält das Gleichgewicht und übertreibt nach keiner Seite. Bereitschaft, die Vitalkräfte auszuschöpfen und an das Du zu vermitteln. Dabei gibt man viel von sich her, gibt sich aber nicht innerlich dabei auf.

Rechts: Maßvoller Drang zur Außenwelt-Betätigung. Starke Umwelteindrücke werden produktiv für die eigene Lebensbewältigung verarbeitet. Man geht durchaus auf das Du zu, wahrt aber gleichzeitig den eigenen Freiraum. Es ergibt sich häufig eine gute Balance zwischen gesundem Egoismus und bereitwilligem Eingehen auf die Umwelt. Man hat sehr oft große Vorteile im Berufsleben, die Vitalkraft lässt sich nicht unterbuttern, zieht sich nicht ins Schneckenhaus zurück und überfährt auch nicht die Partner.

Lebenslinie etwas im Du-Bereich (Abb. 8c)

Meist beginnt diese sehr große Linie im Außen-Ich, überschneidet vor der Handwurzel die Handmitte und endet damit im Innen-Du. Damit wird diese Handhälfte etwas übergewichtig.

Links: Alles, was man denkt und unternimmt, ist immer auch für ein Du gedacht. Man sagt „wir", weniger „ich". Tiefe innere Sehnsucht nach Ergänzung oder Echo. Die eigene Lebensintensität wird dadurch bereichert und erfüllt. Man merkt dabei jedoch oft gar nicht, dass man sich verausgabt.

Rechts: Die ganze Vitalkraft ist stark auf die Umwelt ausgerichtet: Familie, Beruf und Team. Man will geliebt und bewundert werden, aber natürlich sollen die anderen den großen eigenen Freiraum respektieren. Den braucht man ja, um für die anderen da zu sein! Großzügige Anspruchshaltung.

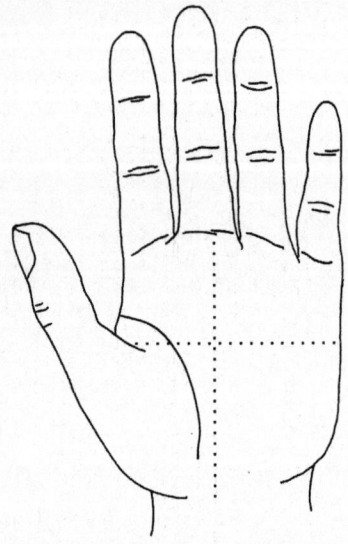
a) Lebenslinie bleibt im Ich-Bereich

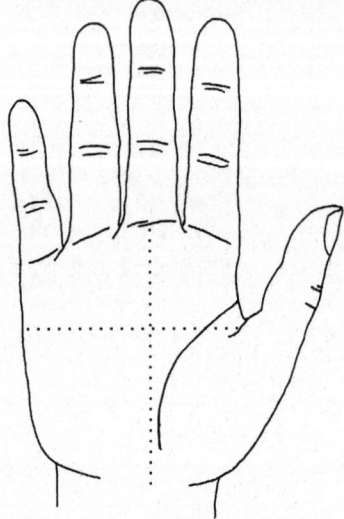
b) Lebenslinie bleibt fast im Ich-Bereich

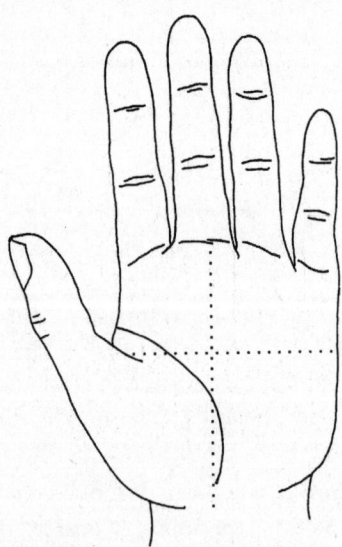
c) Lebenslinie etwas im Du-Bereich

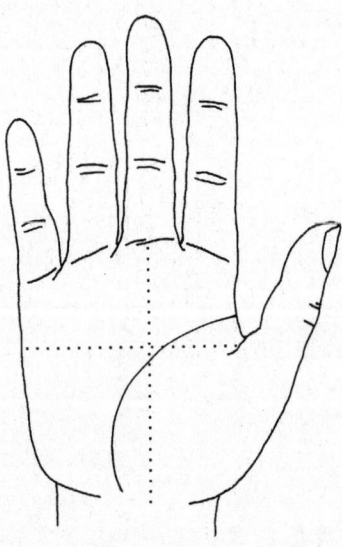
d) Lebenslinie driftet stark in den Du-Bereich

Abb. 8: Die Weite der Lebenslinie

Lebenslinie driftet stark in den Du-Bereich (Abb. 8d)

Die Lebenslinie ist weit und dominierend, mündet an ihrem Ende deutlich in den Du-Bereich und überschneidet sichtbar die Handmitte. Am liebsten würde man den Partner auffressen! Mit Haut und Haar! Familienmitglieder und Kollegen einnehmen! Die Lebensintensität um den damit großen Daumenballen-Venusberg will lieben und vom anderen Besitz ergreifen. Wunderbar, wenn Partner das als Geschenk und Glück empfinden. Es wird für den Partner jedoch eine drückende Umklammerung, wenn er sich nicht dagegen wehren kann und die Vereinnahmung als Einengung und Fessel empfindet.

Links: Bei der eigenen überströmenden Fülle ist es immer ein „zu wenig" vom Partner. Steter Hunger nach Du-Verständnis. Ablehnung der überquellenden Hinwendung wird als tiefes Leid empfunden.

Rechts: Im Beruf ist man schmerzlich berührt, wenn das starke Entgegenkommen als Zudringlichkeit und Übertreibung angesehen wird und sehr verunsichert, wenn man diesem Handeigner Anbiederung und Schmeichelei vorwirft. Für viele Menschen in seinem Wirkungskreis strahlt er Wärme und Fülle aus – und sie sind dafür dankbar. Vorsicht in der Familie! Ängstliche Kinder kann man erdrücken.

Ohne Partner muss bei einer so weiten Lebenslinie unbedingt ein soziales, künstlerisches oder religiöses Ventil gefunden werden, damit diese Vitalkräfte ein Ziel finden!

2.4 Die Beschaffenheit der Lebenslinie

Ein Strom kann sehr verschieden sein: Ein tiefes Flussbett mit klar gezeichnetem Ufer oder eher ausladend und breit verschwommen oder in Windungen verlaufend. Immer entspringt der Fluss der Vitalis im Ich-Bereich und durchläuft damit im ersten Quadranten einen wichtigen Lebensabschnitt. Bitte bedenken Sie: Die gleiche Linienführung kann völlig verschiedene Schicksalsabläufe beinhalten! Welche Entfaltungschancen sich uns bieten, das kommt auf die soziale und familiäre Umgebung an, die wirtschaftliche Struktur und die politischen Zeitläufte und Ereignisse! Ein Kind in Deutschland, 1934 geboren: einmal der Vater ein hoher Parteifunktionär, einmal ein begüterter jüdischer Geschäftsmann. Das Schicksal wäre bei fast gleicher Lebenslinie grundverschieden! Das wissen wir vorher nicht!

Eine starke, gerade Linie (Abb. 9a)

Links: Intensität und innere Richtschnur des Lebensablaufs sind fast unerschütterlich. Ereignisse oder Menschen sind so gut wie nie in der Lage, diese Handeigner umzupolen. Die Umwelt sieht das mit Bewunderung und Zutrauen oder aber mit Fassungslosigkeit und Besorgnis – je nach Zielrichtung.

Rechts: Die Handeigner werden durch Konsequenz und Unbedingtheit geprägt. Sehr oft Mut und positive Führungsqualität. Der Umwelt erscheint dies manchmal als Unnachgiebigkeit und egozentrische Durchsetzung.

Eine sehr zarte Linie (Abb. 9b)

Links: Die Lebensintensität wird verhalten und vorsichtiger eingesetzt. Man weiß, was man will, verfolgt diese Ziele aber eher unauffällig.

Rechts: Man wirkt viel zarter und beeinflussbarer in der Umwelt, als man innerlich oft ist. Robustere Naturen kann man durch stete Beharrlichkeit verblüffen oder täuschen.

Die gewellte Linie (Abb. 9c)

Links: Sie macht meistens einen oder zwei leichte Bögen. Die Lebensintensität will sich gerne an Hindernissen und Schwierigkeiten vorbeischlängeln. Innere Unsicherheit über den eingeschlagenen Weg, Wankelmütigkeit, Zweifel.

Rechts: Entscheidungen wirken auf die Umwelt oft sprunghaft und unentschlossen. Durchhaltefähigkeit und Zuverlässigkeit schwanken. Viele Wege führen auch zum Ziel.

Die unregelmäßige, unterbrochene Linie (Abb. 9d)

Links: Innere starke Erlebnisse können Lebensphasen abschließen. Abschiede von Menschen, Bindungen, Aufgaben, Idealen. Die Umwelt muss aber nicht merken, dass etwas „vorbei" ist. Man wundert sich höchstens über die „Launen".

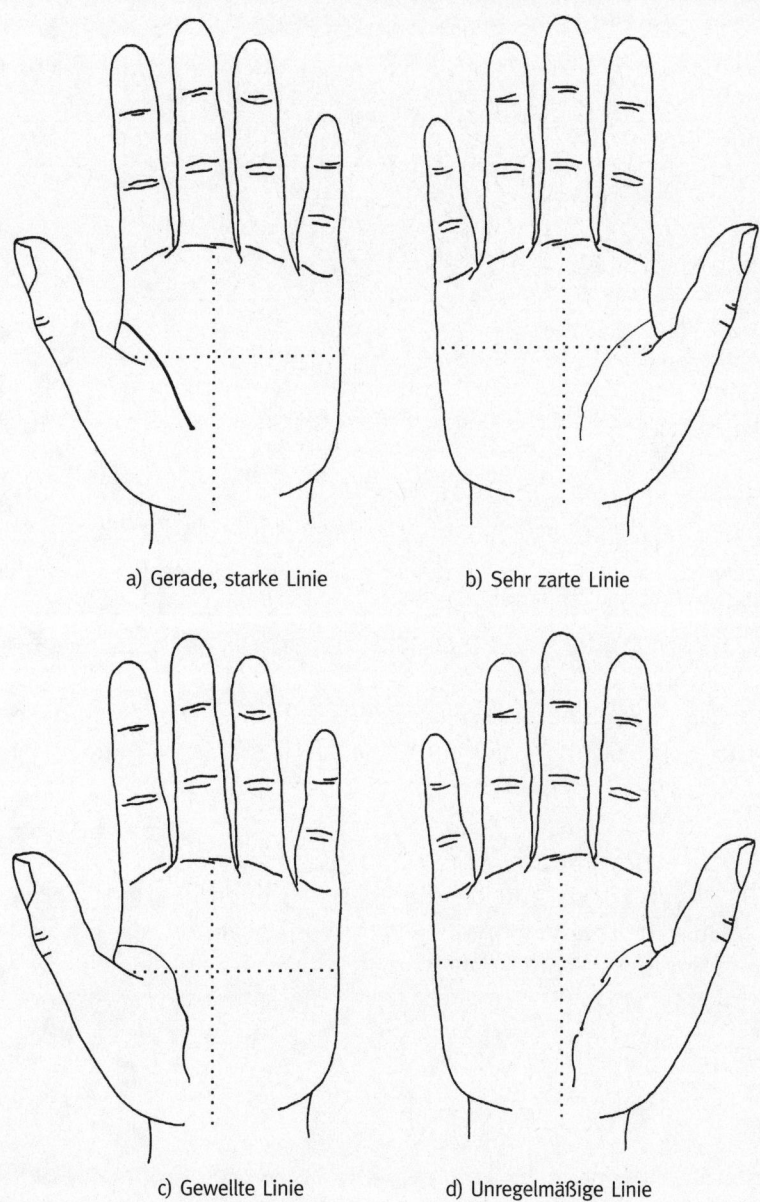

a) Gerade, starke Linie   b) Sehr zarte Linie

c) Gewellte Linie   d) Unregelmäßige Linie

Abb. 9: Die Beschaffenheit der Lebenslinie

Rechts: Man kann stark geprägte Phasen haben. Die Nur-Aussteigerin, die Nur-Mutter, die Nur-Künstlerin etwa. Man kennt den Menschen nicht wieder: „Hat der sich verändert" – positiv oder negativ. Für den Handeigner sind das elementare Entwicklungsschübe und sie machen ihn faszinierend oder reichlich übertrieben wirken.

2.5 Merkmale auf der Lebenslinie

Eine Insel, eine Durchstreichung (Abb. 10a und a₁)

Eine Insel, eine Durchstreichung (Abb. 10a und a $_1$)

Wie in der Natur verlaufen auch die Flüsse in unserer Hand nicht immer gleichmäßig. Häufig finden wir in ihnen eine Insel. Die Linie teilt sich wie ein Wasserlauf in der Landschaft und muss ein Hindernis umfließen. Die Strömung hat also nur die halbe Intensität. Das geschieht nicht ohne Mühe, ist zeitraubend und erfordert Geduld. Inseln auf der Lebenslinie sind meist im Innen-Ich-Bereich.

Links: Die Lebensintensität ist gestaut, eine Regeneration, eine Besinnungspause, auch ein Stillstand. Ein Schicksalsschlag muss verdaut werden. Ist davor oder danach noch eine Durchstreichung, gibt es meist eine Neuorientierung.

Rechts: Stau oder Stillstand im Lebensablauf. Ein Abschied oder eine Durststrecke, eine Durchhaltephase. Kann im Beruf oder in der Familie stattfinden. Eventuell auch gesundheitlich.

Eine Unterbrechung (Abb. 10b)

Links: Wie bei Insel, nur deutlicher. Lebensintensität und Lebenswille scheinen einfach aufzuhören. Sie gehen aber dann wieder weiter, auch wenn man es im Moment nicht glaubt. Der Fluss sucht sich sozusagen unterirdisch einen Weg. Oft eine Phase innerer Rat- und Hilflosigkeit.

Rechts: Spürbarer Schlag oder Schock, ein Herauskatapultiertwerden – privat oder beruflich. Kann sich aber auch als endlich erlösender Blitzschlag herausstellen (Scheidung, Berufswechsel, Lösung von den Kindern).

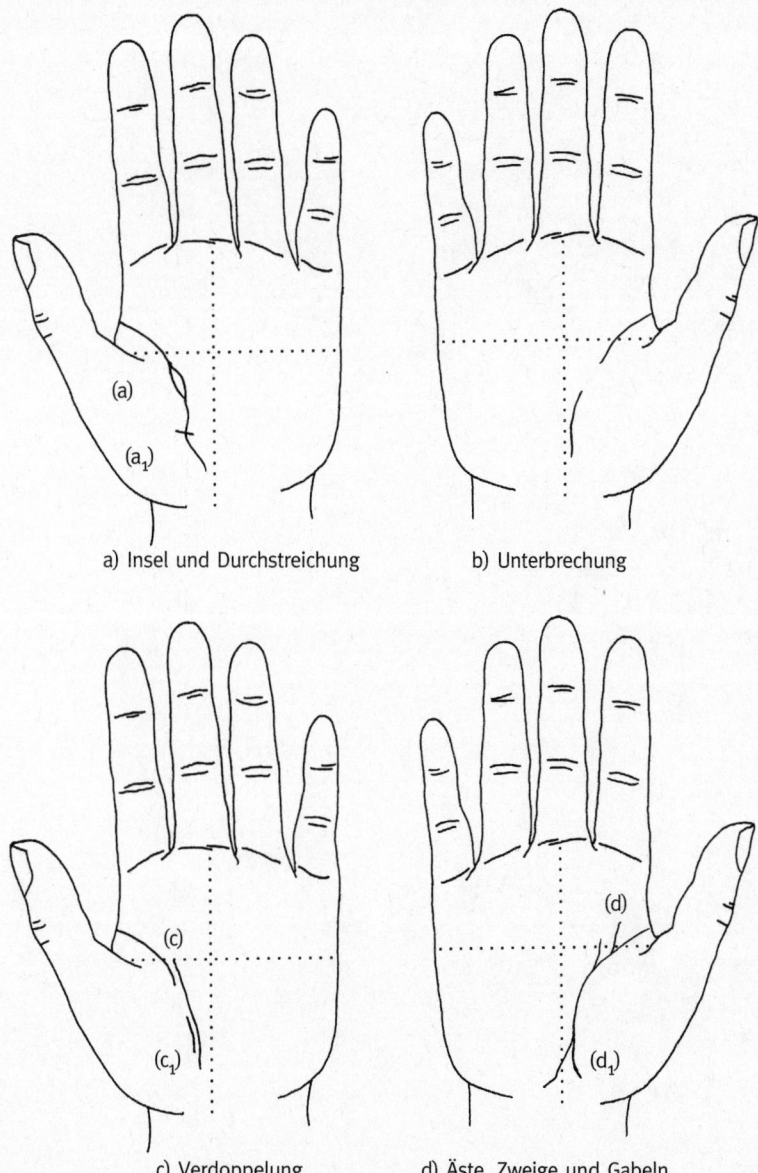

a) Insel und Durchstreichung   b) Unterbrechung

c) Verdoppelung   d) Äste, Zweige und Gabeln

Abb. 10: Merkmale auf der Lebenslinie

Eine Verdoppelung (Abb. 10c)

Die Lebenslinie bricht irgendwo in der Hand ab, aber schon ein Stückchen vorher läuft eine zweite Linie parallel und übernimmt dann den Lauf.

Links: Eine gewandelte, neue Lebensintensität bereitet sich vor. Man will und wird sich verändern, man wird „ein anderer". Das muss die Umgebung nicht wahrnehmen. Dieses Merkmal kann auf eine neue, heimliche Bindung, aber auch auf eine allmähliche Entfremdung hinweisen.

Rechts: Oft eine berufliche Neuorientierung, die schon eine Zeit lang vorbereitet wurde. Möglicherweise baut sich eine neue Partnerbeziehung auf, die nun die Führung übernimmt. Könnte auch auf eine Trennung oder Scheidung hinweisen, die sich hinzieht.

Verdoppelung auf einem Teil der Lebenslinie (Abb. 10c$_1$)

Eine Phase mit anderen, neuen Impulsen für die Lebensintensität, zum Beispiel Liebeserlebnis, Religion, Sekte, ein intensives Hobby als Lebensbereicherung. Kann aber auch auf eine Krisenzeit in der Familie hindeuten, auf jeden Fall eine ganz starke Lebensintensität mit der Gefahr sich zu übernehmen.

Links eher für die Umwelt unbemerkt, *rechts* für andere meist deutlich sichtbar.

Äste und Zweige (Abb. 10d)

Alle, die zu den Fingern hochstreben oder schräg nach oben steigen, suchen Kontakte zu anderen Linien oder Bergen, bauen sich Brücken für belebende Impulse (zu Kopf- oder Schicksalslinie).

Links eher geistig-ideell orientiert.

Rechts Lernstufen, einschneidende Erlebnisse, aktiv und charakterprägend.

Gabeln (Abb. 10d$_1$)

Wir finden sie häufig am Ende der Lebenslinie. Sie wachsen und verändern sich. Mit ihrer Richtung zeigen sie an, wohin die Kräfte zielen. Fast immer streben sie nach unten und suchen Verwurzelung im Innen-Ich oder Innen-Du, streben zu unserem Liebesgefühl oder unserer Intuition, auch in unseren Instinktbereich.

2.6 Die verkettete Lebenslinie und die getrennte Lebenslinie

Zahlreiche Hände weisen am Beginn der Lebenslinie, also im Außen-oder Innen-Ich-Bereich, eine Verkettung mit der Kopflinie auf. Deutlich sichtbar sind beide Furchen ineinander verschlungen. Die Trennung erfolgt meist unterhalb der Mitte des Zeigefingers. Nach dem Zeitschlüssel (siehe Seite 167) kann man hier etwa das 10. bis 13. Lebensjahr ansetzen. Oft fällt die Trennung mit dem Pubertätsbeginn zusammen. Die Verkettung kann links, rechts oder beidseitig sein. Sie kann auch in beiden Händen fehlen.

Beachten Sie bitte, dass ab der Abbildung 11 die noch nicht oder bereits besprochenen Linien gestrichelt dargestellt sind, um das Verständnis der Zusammenhänge zu erleichtern! Verwechseln Sie die gestrichelten Handlinien nicht mit den lediglich gedachten, gepunkteten Linien, die die Aufteilung der Hände in Quadranten zeigen.

Die verkettete Lebenslinie (Abb. 11a)

Sie bedeutet immer eine enge Verquickung des kindlichen Denkvorgangs mit der Lebensintensität der ersten Jahre. Die Prägung von Elternhaus, Schule und sozialem Umfeld beeinflusst das Weltbild, die Religion, die Moralanschauung, die politische Richtung, das Bildungsniveau. Alles kann als gültiger Wertmaßstab empfunden werden. Man ist im Nest behütet und fühlt sich wohl. Elternhaus, Schule oder Heimatort hinterlassen die Erinnerung an eine *glückliche Kindheit*. Oft wird so eine Verkettung durch aufstrebende Ästchen unterstrichen.

Die Atmosphäre daheim, in Schule und Umfeld kann aber auch belastend wirken. Man ist einsam, fühlt sich ungeliebt. Man hasst die Schule, die Erziehungszwänge. Eine zerrüttete Ehe der Eltern oder ihre Scheidung stürzt in Verzweiflung und Angst. Schulisches Versagen kann die Folge sein. Es bleibt die Erinnerung an eine *belastete Kindheit*. Oft wird so eine Verkettung durch abwärts gerichtete Ästchen unterstrichen.

Achtung: Ab dieser Abbildung werden die noch nicht oder die schon besprochenen Linien gestrichelt markiert, um das Verständnis der Zusammenhänge zu erleichtern!

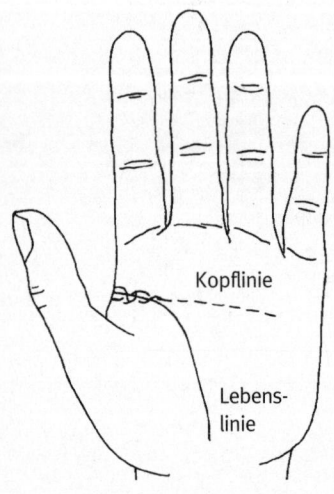

Kopflinie

Lebens-
linie

a) Verkettung von Lebens- und Kopflinie

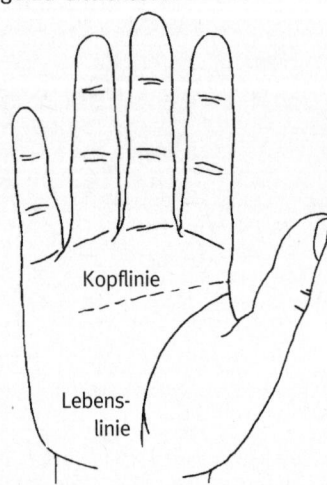

Kopflinie

Lebens-
linie

b) Getrennter Anfang der beiden Linien

Abb. 11: Verkettete und getrennte Lebenslinie

Die Trennung der beiden Linien wird häufig durch ein markantes Ereignis angezeigt, das innerliche (links) oder äußerliche (rechts) Spuren hinterlässt: neue Schule, Umzug, Trennung der Eltern, neue Vorbilder, Freunde und Vereine. Auch die Genesung nach einer Krankheit oder einem Unfall.

Die getrennte Lebenslinie (Abb. 11b)

Deutlich von der Lebenslinie getrennt, beginnt die Kopflinie etwas oberhalb des Vitalis-Ansatzes. Feine Stege können später verbinden. Sehr früh entwickeln sich eine eigene Gedanken- und Bilderwelt oder Fantasien, man findet Leseratten und Bastlernaturen. Musik, Sport oder ein eigener Hund können zum Lebensinhalt werden. Man denkt nicht so wie die Erwachsenen. Früh bildet sich eine eigene Meinung. Allen Neigungen kann man unbeschwert nachgehen, eine gewisse Toleranz und Freiheit in der Umgebung stehen für eine *glückliche Kindheit*.

Oder das kindliche Verhalten stößt auf Widerstand in Elternhaus oder Schule. „Woher hat das Kind das nur?" Man gilt als schwierig, aufmüpfig und ungebärdig. Strafe und strenge Erziehung bei Schulversagen. Oft zeigt eine Markierung auf der Kopflinie (Durchstreichung, Insel, Steg) dann ein Ende dieser Phase an. Man erinnert sich nur an eine *belastete Kindheit.*

Beidseitige Verkettung oder Trennung

Die Verkettung oder die Trennung *beidseitig* zeigen alle Symptome in abgeschwächter Form. Das Kind empfindet keinen Zwiespalt. Es ist wichtig zu wissen, dass alle Eigenschaften – die positiven wie die negativen –, die eine Verkettung oder eine Trennung hervorrufen können, immer vor oder in der Pubertät verschwinden. Der Mensch kann sich nun richtig entwickeln. Eine gewisse Prägung bleibt allerdings als „glückliche" oder „belastete" Kindheit erhalten. *Die Erinnerung hat erstaunlicherweise oft nichts mit der Realität zu tun! Sie wird vom Kind rein subjektiv so oder so empfunden!*

2.7 Die Lebenslinie in meiner Hand

Zeichnen Sie bitte in der Abbildung 12 Ihre Lebenslinien mit Bleistift ein und kreuzen Sie auf Seite 42 entsprechend an.

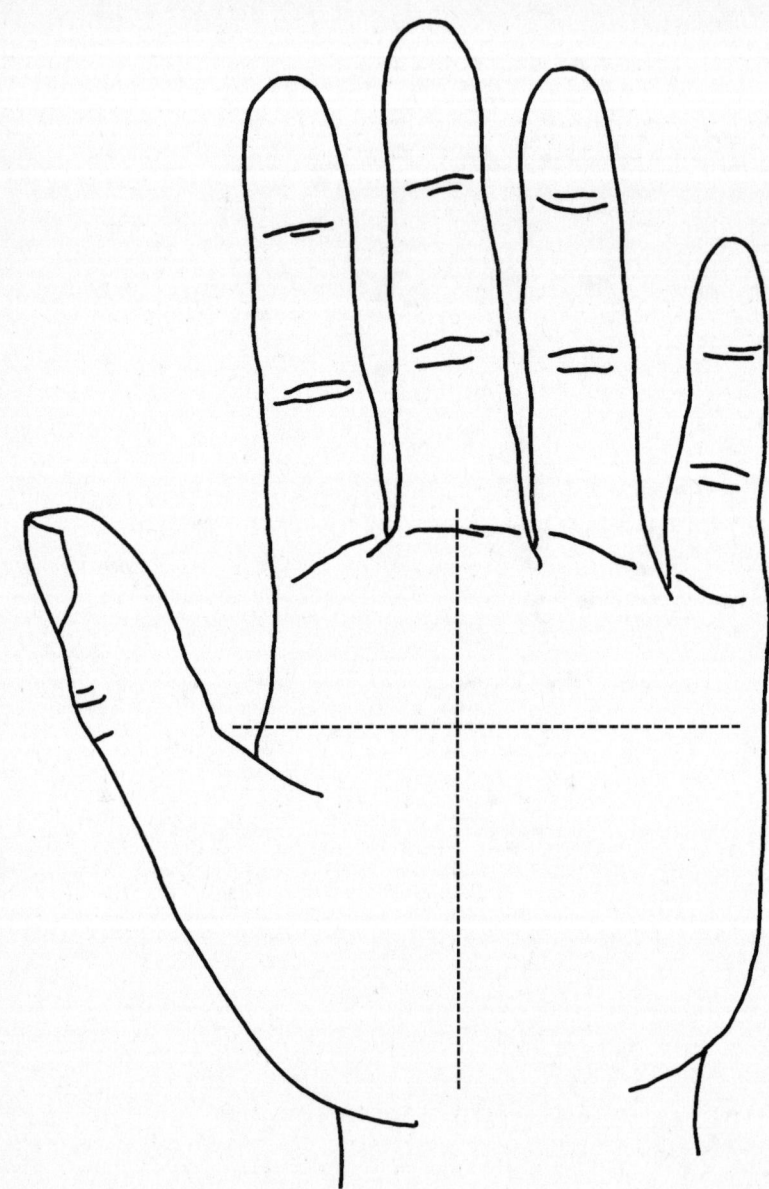

Abb. 12a: Die Linien in meiner linken Hand

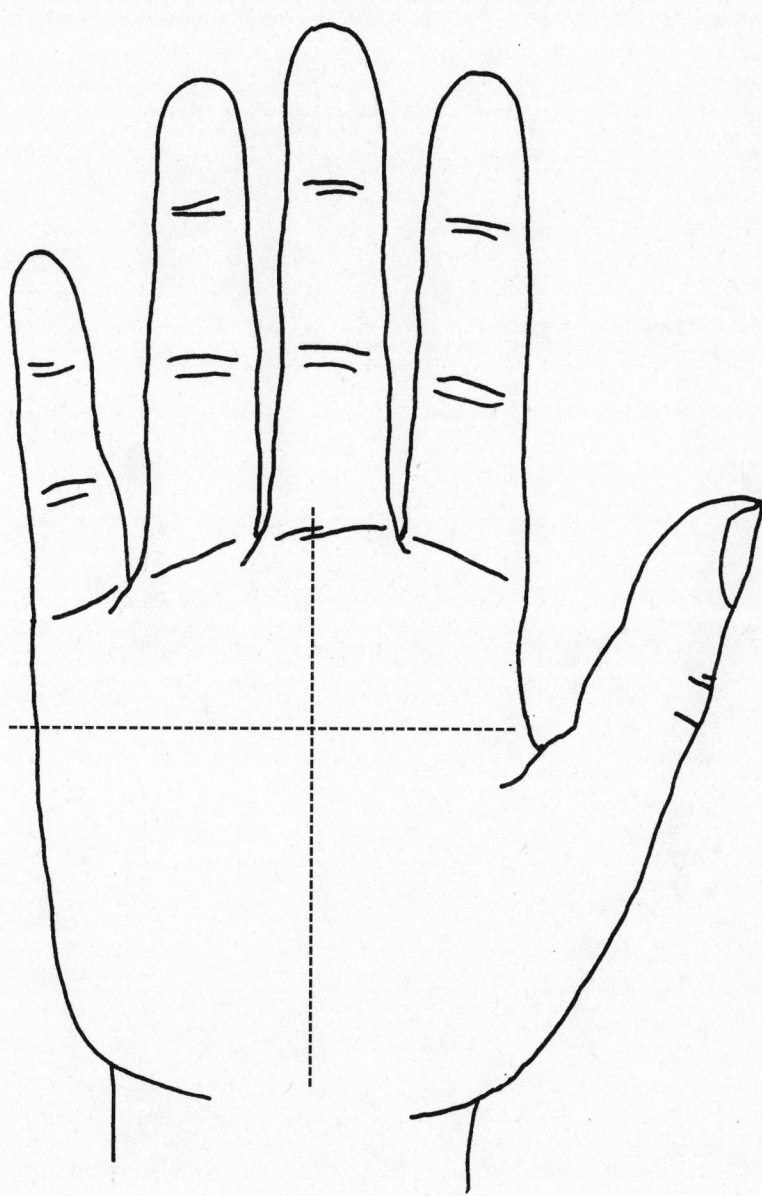

Abb. 12b: Die Linien in meiner rechten Hand

Linie links:		Linie rechts:	
lang	☐	lang	☐
kürzer	☐	kürzer	☐
mittelkurz	☐	mittelkurz	☐
kurz	☐	kurz	☐
im Ich-Bereich	☐	im Ich-Bereich	☐
fast im Ich-Bereich	☐	fast im Ich-Bereich	☐
etwas im Du-Bereich	☐	etwas im Du-Bereich	☐
stark im Du-Bereich	☐	stark im Du-Bereich	☐
gerade, starke Linie	☐	gerade, starke Linie	☐
sehr zarte Linie	☐	sehr zarte Linie	☐
gewellte Linie	☐	gewellte Linie	☐
unregelmäßige Linie	☐	unregelmäßige Linie	☐
eine Insel	☐	eine Insel	☐
eine Durchstreichung	☐	eine Durchstreichung	☐
eine Unterbrechung	☐	eine Unterbrechung	☐
eine Verdoppelung	☐	eine Verdoppelung	☐
eine Verdoppelung zum Teil	☐	eine Verdoppelung zum Teil	☐
Äste/Zweige	☐	Äste/Zweige	☐
Gabeln	☐	Gabeln	☐
mit Kopflinie verkettet	☐	mit Kopflinie verkettet	☐
getrennt	☐	getrennt	☐

3. Die Kopflinie

Die Kopflinie, auch Verstandeslinie genannt, heißt zusätzlich „die Linie des Menschen". Lebensvitalität und Gefühle schreiben wir auch anderen Lebenwesen zu, den Gebrauch des Verstandes dagegen dem Menschen allein. Hier ist zu unterscheiden: Mit Verstand meinen wir das Denkvermögen, die Denkintensität, die nichts mit Schulwissen oder

Bildung zu tun hat! Die Geschichte von Robinson Crusoe, die Generationen faszinierte, ist dafür ein gutes Beispiel: Auf einer Insel gestrandet, allein, ohne Geräte oder Hilfsmittel, erfindet Robinson alle Möglichkeiten zum Überleben – denkend! –, die er dann manuell umsetzt.

Die Lebensintensität sorgt für Fortpflanzung und Überleben, die Verstandesintensität erdenkt und erfindet die Möglichkeiten dafür. Die Kopflinie ist also äußerst wichtig für das bewusste Gestalten unseres Lebensablaufes! Was wir lernen, wie wir lernen und wie lange wir lernen – das ist entscheidend! Ob wir das in einem Studium oder wissenschaftlich tun, ob wir uns handwerklich oder praktisch vervollkommnen, ob wir die gedanklichen Kräfte ideell oder sozial einsetzen – das ist alles gleichwertig. Bei der immer länger währenden Lebensdauer ist gerade die Kopflinie von größter Wichtigkeit: Welche Gaben und Fähigkeiten zeigt sie uns, welche beruflichen Wege weist sie uns, welche entscheidenden Hinweise kann sie uns geben, in welcher Richtung wir bei Umschulungen, neuen Berufsorientierungen oder sinnvollen Altershobbys die besten Voraussetzungen haben!

Da möchte jemand in der zweiten Lebenshälfte vielleicht eine Heilpraktikerausbildung machen – aber die Hand weist mehr auf kommerzielle Chancen hin. Oder der Wunsch nach künstlerischer Betätigung sieht nicht so sehr nach Erfüllung aus – während eine verantwortungsvolle Führungsrolle in einer Gemeinschaft angezeigt wäre.

Die Kopflinie ist die wichtigste Horizontale. Sie teilt die Hand optisch in eine obere und eine untere Hälfte. Damit verweist sie schon auf ihre Bedeutung: strebt sie oder ihre Äste mehr in den oberen Bereich, also das Außen-Du mit seinen Möglichkeiten, oder suchen Zweige und Gabeln die Verwurzelung im Innen-Du-Quadranten? Damit bekommen alle Zweige und Gabeln dieser Linie eine große Bedeutung, denn sie wachsen und verändern sich im Laufe des Lebens in unserer Hand – und zwar an ihrem Ende! Die Linie beginnt ja immer im Ich-Bereich, meist über oder gemeinsam mit der Lebenslinie. Sie geht immer vom Ich zum Du!

Unsere Verstandesintensität muss also über das Ich hinaus zum Du streben. Und das zeigen die Gabeln, Äste und Zweige sowie die Zielpunkte der Linie.

a) Die Länge der Kopflinie

Endpunkt in der Mitte der Handkante (Abb. 13a)

Die Kopflinie neigt sich in sanftem Bogen zur Handkantenmitte und endet etwa einen Zentimeter davor. Damit führt sie über die Schicksalslinie (siehe Arbeitsblock V) und endet mit dem *Zielpunkt Mondberg* (siehe S. 93 ff.), den wir symbolisch als Sitz der Seele, des Gemüts ansehen.

Links: Der Handeigner verfügt meist eine sehr fruchtbare Denkfähigkeit und kann sich bei der eigenen Seele Rat holen. Er wird offen sein für Gemütsbewegungen. Die Fähigkeit zu hören, aufzunehmen und das Gehörte auch verstandesmäßig umzusetzen, ist ein Geschenk.

Rechts: Bei Gesprächen, Entscheidungen, Verhandlungen ist die Seele ein Gegenpol und Ausgleich gegen zu viel Kopflastigkeit. Soll ich das verlockende Auslandsangebot annehmen – alles spricht dafür – aber das Innere warnt! Traue ich mir mit meinen Fähigkeiten diesen schweren beruflichen Neuanfang zu – äußerlich spricht vielleicht alles dagegen! Aber eine innere Gewissheit sagt: Tu es – es ist das Richtige! Bei Berufen mit Verantwortung für andere: Unbedingt Einfühlung und Verständnis zeigen – sonst plagt ein schlechtes Gewissen! Bedenken Sie bitte: Mond und Seele (= „Luna") können Stimmungen und Launen unterworfen sein! Sie sollten dazu beide Hände befragen!

Endpunkt an der Merkurlinie (Abb. 13a₁)

Ein Zweig strebt nach unten und trifft die Merkurlinie: Das pragmatische, reale Denken ist ausgeprägt. Ordnen und Organisieren eigener Pläne und Gedanken. Reale finanzielle Möglichkeiten werden gut eingeschätzt – für sich und andere. Meist kann man gut rechnen und mit Geld umgehen. Verstandesintensität mit logischem, umsichtigem und vernünftigem Denken.

Ist dies in der *rechten oder linken* Hand gut ausgeprägt, sollte man diese Fähigkeiten ausbauen und nutzen!

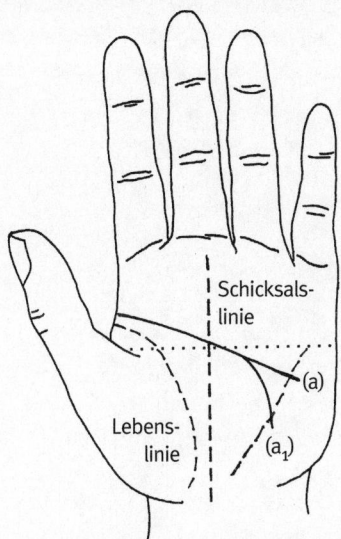

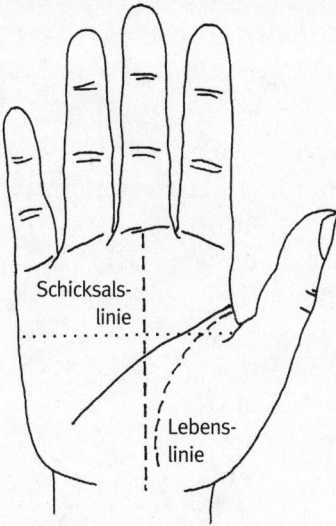

a) Kopflinie endet in der Mitte der Handkante (a) bzw. Merkurlinie (a₁)

b) Kopflinie endet am unteren Ende der Handkante

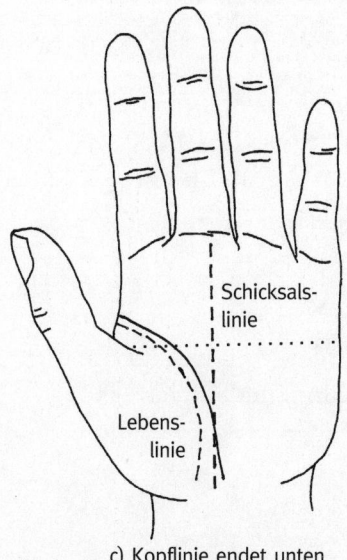

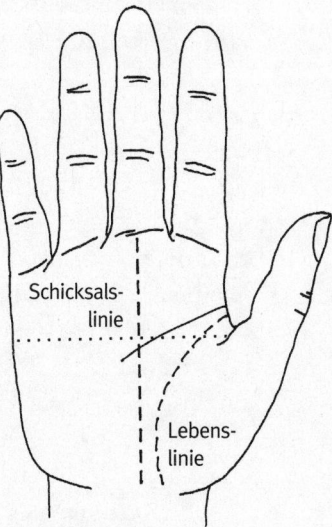

c) Kopflinie endet unten in der Mitte der Hand

d) Kopflinie endet in der Mitte der Hand

Abb. 13: Die Länge der Kopflinie

Endpunkt am unteren Ende der Handkante (Abb. 13b)

Das intensive Nachdenken über ein Problem lohnt sich! Es kommen ganz plötzlich sehr gute Einfälle, Entschlüsse, Wegweiser. Aber nicht aus heiterem Himmel! Man muss das Problem vorher gedanklich erfassen, überlegen, grübeln und abwägen.

Links: Alle Verstandesgründe sprechen gegen eine Scheidung oder Aufgabe der Familie. Die Planung und Abwicklung des eigenen Lebensweges wird plötzlich blockiert. Risikobereitschaft. Man kann zum überzeugten Aussteiger werden. Aber auch zum Absteiger. Positiv daran ist, dass ein mutiger Ausbruch aus eingefahrenen Normen und Zwängen möglich ist und Einfälle und neue Ideen beflügeln!

Rechts: Plötzliche Denkumschwünge verwirren sehr oft die Umwelt! Spontane Neuanfänge. Im Berufsleben unbedingt mit Verstand die andere Mentalität, das konservative Denken der Kollegen einkalkulieren. Sonst gilt man schnell als „verrückt".

Bedenken Sie: *Alle Umschwünge innerlich und in der Umwelt (links und rechts) sollten dreimal überschlafen und geprüft werden! Es besteht die Gefahr übersteigerter Luftschlösser! Hysterie ist zu vermeiden.*

Endpunkt unten nahe an der Handmitte (Abb. 13c)

Dieses Linienbild findet man nur sehr selten. Das Denken sucht Verwurzelung im Instinkt, im animalischen Urgrund (starke Familienbindung, Heimat und Tradition, archetypisches Erbe).

Links: Bei inneren Entscheidungen kann der Instinkt sehr hilfreich sein. Er kann aber auch mit Wunschbildern den Verstand vernebeln, das klare Denken täuschen.

Rechts: Der Instinkt sagt Ihnen durch den Verstand, was für Sie selbst und andere richtig ist. Manchmal blindlings und unbeirrbar, manchmal mit gefährlicher Übertreibung. Zum Beispiel kann die fanatische Durchsetzung eigener Wünsche bei der Kindererziehung die Folge sein („Mein Kind wird eine Steffi Graf." oder „Ich muss mich ein Leben lang um meinen Sohn kümmern, nur ich weiß, was für ihn gut ist!").

Bedenken Sie bitte: *Bei solchem Linienbild sollte man versuchen, dem Verstand den Vorrang geben, damit aus einer eventuellen Täuschung keine Ent-Täuschung wird.*

Endpunkt in der Mitte der Hand (Abb. 13d)

Damit trifft die Kopflinie auf die Schicksalslinie. Die Verstandesintensität begreift also die Schicksalsabläufe – das kann eine große Hilfe sein! Verantwortung und Einsatz für ein Du sollten beachtet werden. Wohin auch andere Zweige streben, wo auch die Verstandeslinie endet: Man muss mit seiner Denkfähigkeit das eigene Schicksal erfassen! Dies ist innerlich mit Ernst und Verantwortung zu meistern (links), in der Umwelt zu ertragen und durchzusetzen (rechts).

3.2 Kopflinie führt in die obere Hälfte der Hand

Kopflinie zielt in Richtung kleiner Finger (Abb. 14a)

Hier wird der so genannte Plutoberg (siehe S. 93 ff.) aktiviert. Er erhält immer nur Bedeutung, wenn eine Linie – meist ist es die Kopflinie – ihn berührt.

Links: Autoritätsdenken, man will andere überzeugend beeinflussen. Gefahr, einen inneren Despotismus zu haben. Ansprüche an andere stellen. Sie sollten alle Argumente daraufhin überprüfen, ob sie nicht eigenes Machtdenken damit verdecken wollen!

Rechts: Starke Ausrichtung auf die Umwelt. Wunsch oder Fähigkeit, andere zu führen und mit Verstandeskraft zu überzeugen. Oft ein Bedürfnis nach politischem Engagement. Man will andere beherrschen und sich dominant durchsetzen. Unbedingt ist zu prüfen, ob das einem Du (Partner, Umwelt) nützt oder schadet!

Der Plutoberg ist meist nicht der Endpunkt der Kopflinie! Bitte kombinieren Sie diese Deutung mit den Aussagen über die genaue Position des Linienendpunktes.

Gabeln und Zweige zur Herzlinie (Abb. 14b)

Von der Kopflinie streben kleine Äste zu der darüber liegenden Herzlinie.

Links: Das Denken will sich innerlich mit den Gefühlen verbinden. Harmoniestreben.

Rechts: Man wird bei Entscheidungen und im Umweltverhalten Emotionen zulassen.

Kopflinie endet unter dem Mittelfinger (Abb. 14c)

Sie endet also im oder nahe am Außen-Ich-Quadranten. Die Verstandeskraft wird konzentriert für den Handeigner selbst eingesetzt. Man findet dieses Linienbild oft bei Menschen, die von einer Idee besessen sind: Wissenschaftlern, Forschern, Erfindern. Aber auch bei Eigenbrötlern, Einsiedlern, kontaktscheuen Menschen. Das Verständnis für ein Du ist oft erschwert, man kann besser für sich allein arbeiten und dabei Erstaunliches leisten.

Die Umwelt bewundert oder belächelt diese „Fachidioten" nicht selten. Ihre Partner könnten bei diesen Handeignern das Eingehen auf ihre Probleme vermissen.

Links: Grübler, verschlossene Naturen. Manchmal wartet der Prinz aber nur darauf, aus der Einsamkeit erlöst zu werden. Gefahr, sich im Alleinsein zu verhärten. Man kann auch voller Misstrauen sein.

Rechts: Selbstständigkeit, Alleingang. Nicht so sehr für Teamarbeit oder Familienleben geeignet. Wertvolle, aber introvertierte Menschen.

Kopflinie endet unter dem Ringfinger (Abb. 14d)

Die Verstandeskraft sollte hier unter Berücksichtigung der Emotionen für das Du eingesetzt werden: für andere Menschen, ideelle Ziele, künstlerische Impulse. Das gibt allen gedanklichen Ausrichtungen eine gefühlsmäßige Unterstreichung.

Links: Man denkt immer „wir", ob privat oder sozial. Rationales oder gar berechnendes Denken ist eigentlich nicht vorhanden. Oft fehlt das „vernünftige" Überlegen, Ideale sind stets wichtiger. Hochfliegende Pläne, man kann sich auch an Liebesworten berauschen, weniger an Taten.

Rechts: Auf sich ausgerichteter Verstand tritt selten allein auf. Die Gefühle spielen hier immer eine wichtige Rolle, man zeigt sie und spricht darüber. Meist erwirbt man durch dieses liebenswerte Denken Sympathie und Freunde. Vorsicht, dass man sich zwar von emotionalen Werten leiten, aber nicht verleiten lässt! Weltverbessernde Ideale werden propagiert: Tier- und Pflanzenschutz, Friedensparolen. Oft ergreift man einen künstlerischen Beruf. Religiöse, esoterische oder soziale Anliegen werden überzeugend vorgetragen.

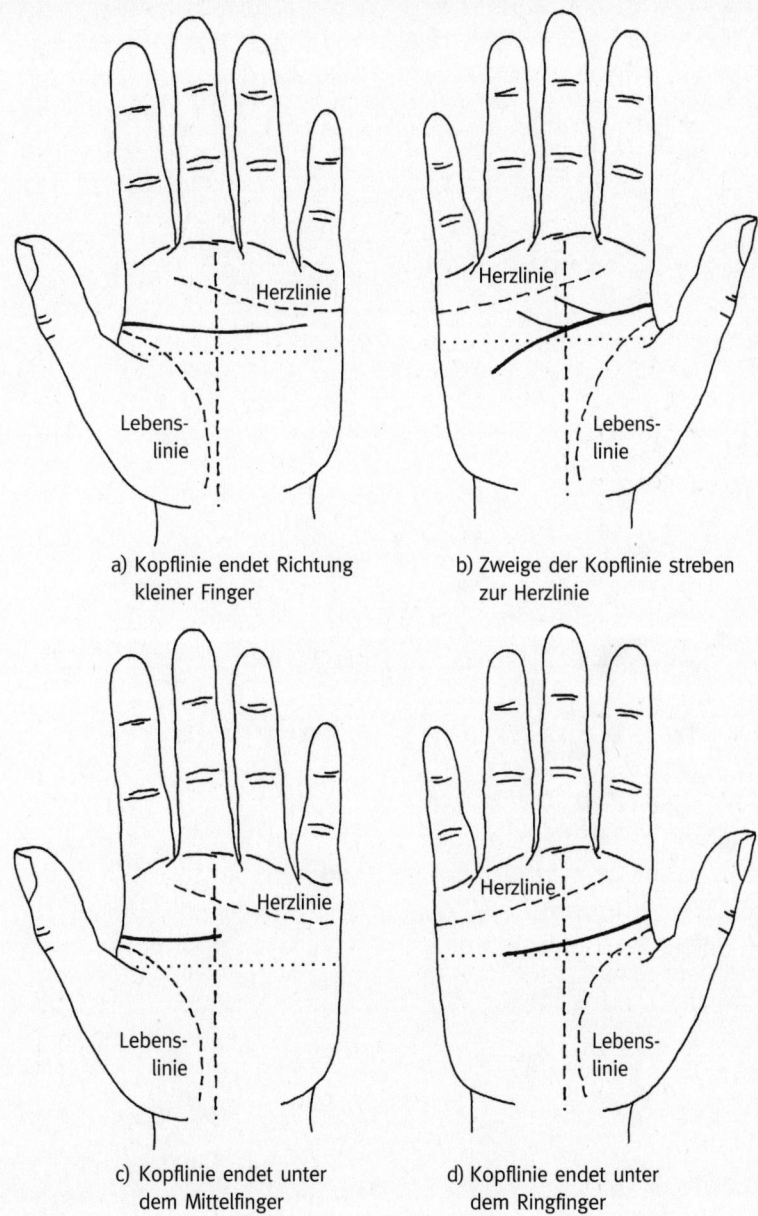

a) Kopflinie endet Richtung
   kleiner Finger

b) Zweige der Kopflinie streben
   zur Herzlinie

c) Kopflinie endet unter
   dem Mittelfinger

d) Kopflinie endet unter
   dem Ringfinger

Abb. 14: Kopflinie führt in die obere Hälfte der Hand

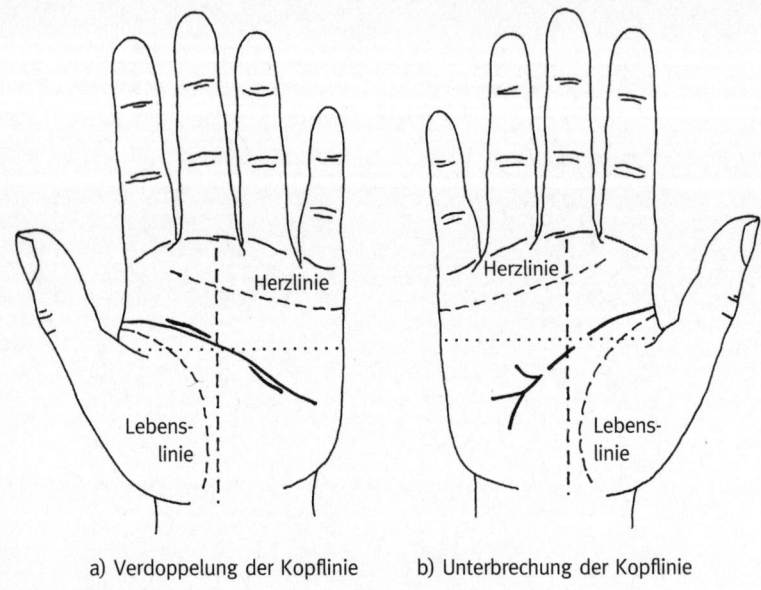

a) Verdoppelung der Kopflinie   b) Unterbrechung der Kopflinie

Abb. 15: Verdoppelung und Unterbrechung der Kopflinie

3.3 Verdoppelung und Unterbrechung der Kopflinie

Verdoppelung der Kopflinie (Abb. 15a)

Die Verdoppelung liegt meistens nur unter oder über einem Teilstück der Linie: eine Zeit verstärkter Lern- und Verstandesarbeit! Oft Erarbeiten eines zweiten Berufes. *Links* kann das unbemerkt von der Umwelt stattfinden. *Rechts* ist der neue, unerhörte Lern- und Arbeitseinsatz sichtbar. Diese Phase ist unbedingt zu nutzen!

Unterbrochene Kopflinien (Abb. 15b)

Dies kommt recht häufig vor, ist aber meist nur in einer Hand zu sehen. Ein Beruf, ein Lernziel, ein Studium hat plötzlich den Sinn und die Anziehung verloren *(links)*. Es kann auch ein notwendiger Berufswechsel sein, eine Kündigung. Oder familiäre, auch finanzielle oder gesundheitliche Gründe setzen einen Haltepunkt. Nach der Durststrecke muss die Verstandesarbeit mit neuer Orientierung wieder beginnen! *(rechts)*

Zittrige Linien zeigen, dass man noch unsicher ist, man will ausweichen, macht einen Umweg (Wellen). Oft aber kommt nach so einer Phase zum Linienende eine Linienballung: verschiedene Interessen, neue Lernziele. Die Richtung der Zweige, die noch sehr zart sein können, weist darauf hin, welche Interessensbereiche dem Handeigner zufließen. Diese Gabelung ist meist im Du-Bereich, häufig in oder nach der Lebensmitte.

Links: Innere Bereicherung durch neue Gebiete, Zeit für Hobbys, Sprachen, Uni, das 3. Lebensalter etc.

Rechts: Häufig aktiver Einsatz auf sozialen Gebieten aller Art. Beachten Sie die Richtung der Zweige! Wohin zielen sie? Zu Denkeinfällen und Intuition, zur Seele und dem Gemüt, zum praktischen Denken und Handeln, zu Führungsaufgaben in einer Gemeinschaft?

3.4 Die Kopflinie in meiner Hand

Zeichnen Sie Ihre Kopflinie mit Bleistift in die Abbildung auf Seite 40 f. ein und kreuzen Sie entsprechend an:

	links	rechts
Zur Mitte der Handkante	☐	☐
Zur Merkurlinie	☐	☐
Zur unteren Ecke der Handkante	☐	☐
Zur Handmitte unten	☐	☐
Zur Handmitte	☐	☐
Richtung kleiner Finger	☐	☐
Zweige zur Herzlinie	☐	☐
Ende unter Mittelfinger	☐	☐
Ende unter Ringfinger	☐	☐
Verdoppelung	☐	☐
Unterbrechung	☐	☐

4. Die Herzlinie

Die dritte wichtige Linie in unserer Hand ist die zweite Horizontale. Sie heißt Herzlinie und wird daher oft als Symbol für unsere Liebesgefühle angesehen. Das ist jedoch zu einseitig betrachtet. Den Ort unserer Liebeskraft und Liebesfähigkeit werden wir im Daumenballen sehen, wenn wir den so genannten Venusberg besprechen (siehe Seite 87 f.). Die Herzlinie wird auch Emotionalis genannt. Das ist viel richtiger, denn in ihr sehen wir unsere gesamte Emotionsfähigkeit verkörpert. Und Emotionen sind vielfältig: Liebe zu unseren Partnern, aber auch zu Kindern, Eltern, Freunden, Freude und Glück, Traurigkeit, Wut und Verzweiflung, Gefühle des Dankes, der Bewunderung und der Begeisterung. Alles, was das Herz bewegt, sehen wir in dieser Linie.

Wir respektieren Menschen ihres Charakters wegen, wir achten sie und erkennen ihre Vorzüge, aber unsere Sympathie oder Antipathie werden nicht von der Kopflinie, also der Verstandesintensität bestimmt, sondern von unserer gefühlsmäßigen Zu- oder Abneigung, also unseren Emotionen. Aber auch Kunst- und Naturerlebnisse können uns bereichern und bewegen, Ideen und Ideale uns begeistern – dabei paaren sich dann die Herzens- und Verstandeskräfte.

So ist diese Linie auch in den meisten Händen die bewegteste, sie hat Zeichen und Brüche, Inseln und Verdoppelungen, Punkte und Unterbrechungen. Hier ist besonders zwischen links und rechts zu unterscheiden.

Links erlebe ich alles in meinem Inneren: tiefes Glück, Freude, Leidenschaft. Ich fresse Wut, Enttäuschung und Verzweiflung in mich hinein.

Rechts zeige ich alle Affekte in der Umwelt. Es bricht aus mir heraus. Himmelhoch jauchzend – zu Tode betrübt. Übermütige Begeisterung, Freude und Glück – Zorn, Bitterkeit, Depression. Einmal sind eher das Lachen und die Heiterkeit die Lebensmelodie, ein anderes Mal verhaltene Besinnung, Betrübnis und Traurigkeit.

Beachten Sie bitte: *Die Herzlinie wächst an ihren Enden! Sie bildet im Laufe der Jahre Zweige und Gabeln. Ganz fein vorgezeichnet ist oft schon vorher die Richtung zu erkennen.*

4.1 Die Länge der Herzlinie

Der Verlauf der Herzlinie ist sehr häufig eine sanfte, aufsteigende kurze Kurve, die immer im Außen-Du der Hand, an der Handkante beginnt. Meist beginnt sie 1 bis 2 Zentimeter unter dem kleinen Finger – je nach Handgröße. *Im Gegensatz zu Lebens- und Kopflinie, die unsere Ich-Entwicklung prägen, kommen die Emotionen, die uns bewegen, von einem Du, von Erlebnissen und Begegnungen in und mit der Umwelt.*

Linie endet unterhalb des Zeigefingers (Abb. 16a)
Das ist ein Zeichen dafür, dass der Handeigner alle seine Emotionen für die eigene Persönlichkeitsentfaltung nutzen kann. Er kann durch Glück oder Schmerz reifen. *Oft finden wir zusätzlich einen Zweig in Richtung Mittelfinger* (Abb. 16a$_1$). Dann werden die Emotionen mit Ernst und Verantwortung erfüllt. Das spricht auch für Treue und Beständigkeit.

Neigt sich ein Zweig besonders tief hinab und zielt damit auf den Beginn der Lebens- und Kopflinie, werden Emotionen manchmal zu egoistisch, nur für den eigenen Genuss ausgelebt (Abb. 16a$_2$).

Bitte beachten Sie immer links und rechts! Meist ist die deutliche Furche nur in einer Hand!

Links: Innerlich verlaufen alle Erlebnisse bereichernd für das Ich, man sieht Freude und Schmerz als Schicksal an, das man bewältigen muss.

Rechts: Die Prägung durch die Emotionen formt – für die Umwelt sichtbar – eine bemerkenswerte, starke Persönlichkeit.

Herzlinie endet unter dem Mittelfinger (Abb. 16b)
Eine solche Emotionalis endet meist kurz vor oder kurz nach der Handmitte. Alle auftretenden Gefühlsregungen werden geprüft, bewertet und mit Ernst und Verantwortungsbereitschaft angenommen.

Links: Treu sorgende Väter und Mütter, Freunde, Chefs. Beständigkeit und Verlässlichkeit sind ein inneres Leitmotiv. Es besteht vielleicht die Gefahr, zu streng zu prüfen und zu urteilen.

Rechts: Bei aller Treue und Pflichterfüllung fehlt oft eine spontane Gefühlsäußerung und auch die Lebensfreude. So kann der Eindruck von Kargheit entstehen. Man sollte ruhig mal seine Emotionen zeigen.

Herzlinie endet unter dem Ringfinger (Abb. 16c)

Diese Herzlinie ist extrem kurz. Sie ist eigentlich selten. Die Handeigner lassen alle Eindrücke lebhaft auf sich einwirken, sie bleiben aber im Du-Bereich. Man wird schwer zu eigener Herzensaktivität und Tatkraft für das Du ermuntert. Schwärmen für Idole, Illusionsliebe, Träume und idealistische Utopien wären hier zu finden. Es besteht die Neigung, mit Worten alle Menschen zu beglücken, alles zu teilen und die Gefahr, auf falsche Propheten zu hören.

Sie sollten hier unbedingt auch die andere Hand befragen und bei der Deutung die Verhältnisse in der Realität einbeziehen!

Herzlinie beginnt unter dem Ringfinger (Abb. 16d)

Auch diese Emotionalis ist extrem kurz und sehr selten. Man könnte von einer „verschlafenen Kindheit und Jugend" sprechen. Frühe Eindrücke bleiben verschwommen. Meist sind dies Handeigner, die von einem bestimmten Ereignis sagen: „Und da begann ich eigentlich erst zu leben!"

Links: Dies könnte durch eine „geistige Erweckung" geschehen. Religiöse oder politische Sinngebung, ein Lernziel, das man durch einen Lehrer findet.

Rechts: Vorbilder und Freundschaften, Begegnung mit anderen Kulturen, Reisen, Natur- oder Kunsterlebnisse werden zu Offenbarungen. Es können aber auch Gefühlseinbrüche vorkommen, verursacht durch Verluste an Menschen, Katastrophen, einen Krieg.

Der Venusgürtel (Abb. 16d$_1$)

Ebenfalls selten ist ein so genannter Venusgürtel oder Venusring. Das ist eine zusätzliche Herzlinie oben in den Fingerbergen: Eine sanfte Rundung vom Zeigefinger zum Ringfinger oder vom Mittelfinger zum Ringfinger. Hierin sähe man eine Konzentration der Emotionen, ideell oder künstlerisch. Einen starken Zustrom für die eigene Persönlichkeit. Ist dieser Gürtel zerrissen oder nur in Teilen sichtbar, lassen sich die heftigen Gemütsbewegungen oft schwer unter einen Hut bringen. Diese Menschen sind äußerst faszinierend, aber schwierig für Partner und vor allem für sich selbst.

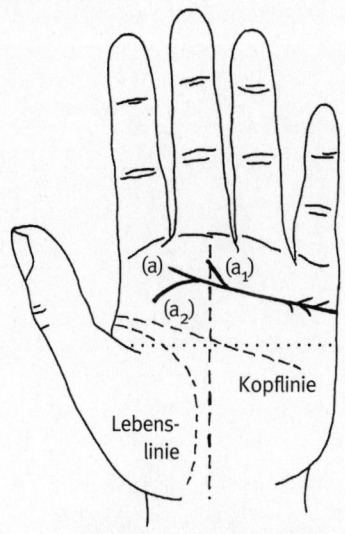

a) Herzlinie mündet in den Berg unterhalb des Zeigefingers

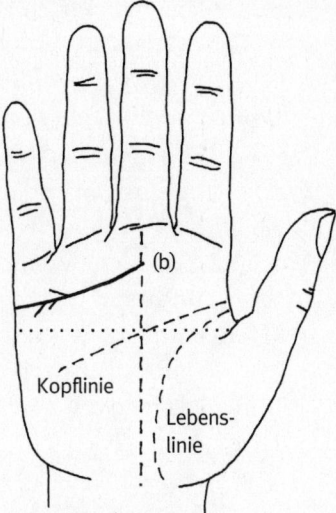

b) Herzlinie endet unter dem Mittelfinger

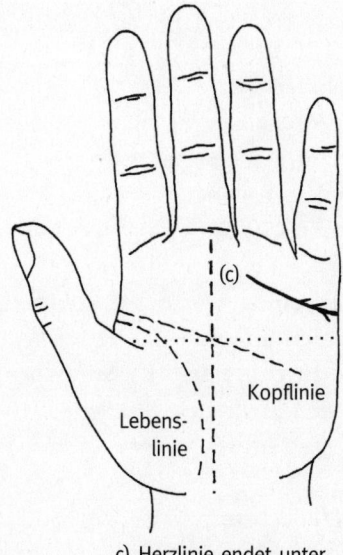

c) Herzlinie endet unter dem Ringfinger

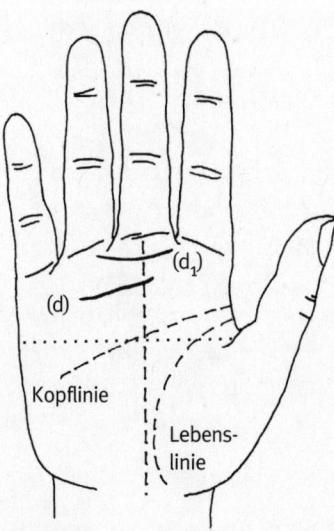

d) Herzlinie beginnt unter dem Ringfinger
d₁) Venusring

Abb. 16: Die Länge der Herzlinie

4.2 Merkmale auf der Herzlinie

Die gerade Herzlinie (Abb. 17a)

Diese Emotionalis verläuft ziemlich gerade und recht hoch angesetzt. Meist sind auf so einer Linie nicht viele Zeichen zu sehen: kaum Inseln oder Zweige. Die einströmenden Gefühlsimpulse vom Du werden maßvoll aufgenommen. Überschwang und Übertreibung sind hier selten. Man hat auch Freuden- oder Kummergefühle, verarbeitet diese aber eher nüchtern und rational.

Links: Den Enthusiasmus anderer in Liebesbeziehungen oder bei Erlebnissen kann man nicht teilen. Man bleibt etwas reserviert. Oft ist man ganz froh, davon verschont zu sein. Manchmal allerdings wäre man gerne nicht so wohltemperiert.

Rechts: Das ausgeglichene Wesen kann auf andere beruhigend wirken. Man sieht auch immer eine Lösung oder eine zweite Möglichkeit. Vorsicht: Die echte Anteilnahme hält sich in Grenzen!

Eine Mulde in der (gewellten) Herzlinie (Abb. 17b und b₁)

Die Emotionalis weist an einer Stelle eine kleine Mulde auf, wie eine Schale nach unten. Diese Handeigner wollen beim Du ganz sicher sein: Ob Partner oder Gruppe – man möchte zunächst einmal die Gewissheit haben, dass man gemocht oder geliebt wird, dann erst wagt man, eigene Gefühle und Vertrauen zu investieren. Ein vorsichtiges Sich-Bewahren. Man hält sich innerlich (links) oder mit äußeren Zuwendungen (rechts) etwas in Reserve.

Ist die Linie zusätzlich wellig, dann ist eine gewisse Unsicherheit bei emotionalen Begegnungen oder Ereignissen möglich. Angst vor Enttäuschung: „Das will ich nicht noch mal erleben!" oder „Es ist doch nicht so, wie ich gedacht habe." Wellen können auch auf wechselnde Beziehungen hinweisen. Man weicht aus. Verzetteln statt verströmen.

Verdoppelungen auf der Herzlinie (Abb. 17c)

Dabei gilt das Gleiche wie bei der Kopflinie: Verdoppelungen sind stets auf einer Teilstrecke zu finden. Sie weisen auf eine erhöhte emotionale Aufnahmefähigkeit hin. Auch auf ein Gefühls-Doppelleben: eine paral-

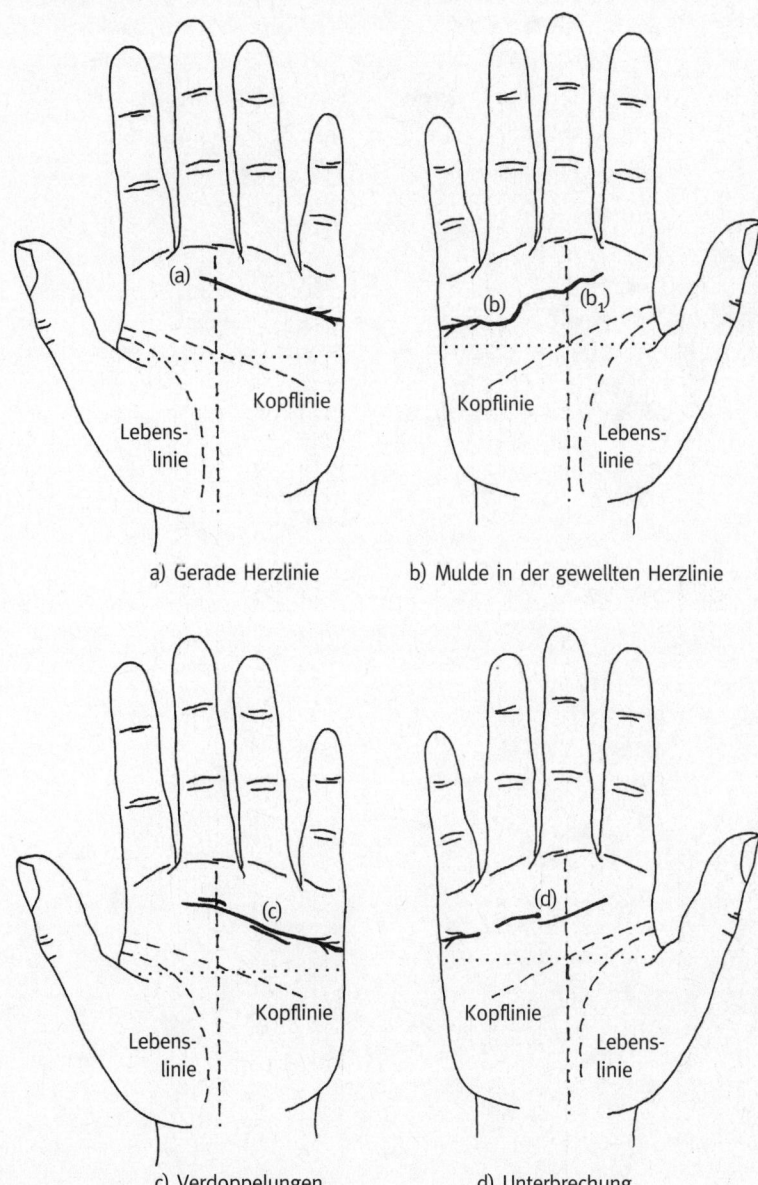

a) Gerade Herzlinie

b) Mulde in der gewellten Herzlinie

c) Verdoppelungen

d) Unterbrechung

Abb. 17: Merkmale auf der Herzlinie

lel laufende Neigung, eine religiöse oder künstlerische Zweigleisigkeit. Ich male etwa im abstrakten Stil, weil es so gewünscht wird, zeichne aber gleichzeitig Aktbilder. Ist die Doppelstrecke unterhalb der Hauptlinie, so gibt es eher in die Tiefe orientierte Neigungen oder Leidenschaften. Läuft die Parallele oberhalb der Linie, ist meist das Geistige, Abstrakte oder Ideelle dominierend.

Unterbrechung auf der Herzlinie (Abb. 17d)

Eine Linie bricht ab, geht aber nach einem Stückchen wieder weiter. Oder sie bricht ab, ist aber darunter oder darüber wieder vorhanden und dieses Stück übernimmt dann die Weiterführung. Gelegentlich sind solche Abbrüche zwei- oder dreimal sichtbar. Das bedeutet meist einen Stau oder das Ende einer Herzensbindung zu Menschen, zu Lebensqualitäten: Liebeserlebnis, Freundschaft, Heim und Häuslichkeit, berufliche Geborgenheit. Etwas geht zu Ende, Abschied, Verlust. Etwas Neues bestimmt das Leben.

Links: Man wandelt sich innerlich und hat neue Ansichten und Bindungen.

Rechts: Die Umwelt sagt: „Jetzt hat er (oder sie) sich schon wieder mit fliegenden Fahnen in ein neues Abenteuer gestürzt oder die alten Begriffe auf den Kopf gestellt!"

Beachten Sie bitte: *Die Herzlinie weist meist Ästchen nach oben oder nach unten auf. Generell zeigen Ästchen nach oben mehr Optimismus und Heiterkeit, Ästchen nach unten eher Neigung zu Traurigkeit und Pessimismus an.*

4.3 Die Herzlinie in meiner Hand

Zeichnen Sie Ihre Herzlinie mit Bleistift in die Abbildung auf Seite 40 f. und kreuzen Sie unten an:

	links	rechts
Linie endet unter Zeigefinger	☐	☐
Mit Zweig zum Mittelfinger	☐	☐
Mit Zweig zur Lebenslinie	☐	☐
Linie endet unter Mittelfinger	☐	☐
Linie endet unter Ringfinger	☐	☐
Linie beginnt unter Ringfinger	☐	☐
Venusgürtel	☐	☐
Gerade Herzlinie	☐	☐
Mulde, Welle in der Herzlinie	☐	☐
Verdoppelung	☐	☐
Unterbrechung	☐	☐

Arbeitsblock III

1. Besonderheit bei den
drei Hauptlinien – Die gesperrte Hand

Die gesperrte Hand ist meist ein recht gefürchtetes Zeichen, weil ihre volkstümlichen Namen, „Affenfurche" oder „Mongoloidenfalte", Ängste auslösen. Um es gleich zu sagen: Dies sind unbegründete Ängste, ausgelöst aus Aberglauben, Unwissenheit oder Wichtigtuerei! Das Kennzeichen der gesperrten Hand ist auf einen Blick erkennbar: Der Handeigner hat nicht drei Hauptlinien – Lebens-, Kopf- und Herzlinie –, sondern nur zwei. Einmal die Lebenslinie, und bei der zweiten Linie verschmelzen Kopf- und Herzlinie miteinander, sodass sie wie eine Falte durch die Hand läuft und diese dadurch deutlich teilt. Da die höheren Primaten in ihren Händen ebenfalls nur zwei ähnliche Linien haben, entstand der Name „Affenfurche", was ja auf Primitivität und geistige Minderbemitteltheit hinweist. Und dann war der Begriff „Mongoloidenfalte" nicht mehr weit, da man dieses Merkmal bei entwicklungsgestörten Menschen finden kann – kann! Aber weit häufiger findet man es bei völlig gesunden Personen, die allerdings oft über eine ungewöhnliche Kräfteverteilung verfügen.

Die zweifurchige, echte gesperrte Hand ist sehr selten und fast immer nur links *oder* rechts zu finden. Nicht allzu oft sieht man die *durch die Herzlinie gesperrte Hand,* bei der beide Teile – oben und unten – deutlich getrennt sind. Häufiger ist die *durch die Kopflinie gesperrte Hand,* bei der sich auch ein sichtbarer Querstrich durch die Hand zieht.

Gelegentlich sieht man die gesperrte Hand mit je einem *Teilstück Herz- und Kopflinie,* die eine feine Falte wie ein Steg miteinander verbindet. Alle vier Arten der gesperrten Hand sind entweder links *oder* rechts zu finden.

1.1 Die echte gesperrte Hand (Abb. 18a)

Sie zeigt eine Kopflinie, die von oberhalb des Daumens bis zur Handkante durchgeht – aber im oberen Bereich fehlt die Herzlinie! Sie ist in die Kopflinie eingeflossen und hat sich mit dieser vereint. Umgekehrt könnte man auch sagen: Eine Herzlinie verläuft von der äußeren Handkante bis zum Beginn der Lebenslinie – aber die Kopflinie fehlt im unteren Bereich. Sie ist in die Herzlinie eingeflossen. Liegt diese eine Linie eher dicht unter den Fingerbergen, wird wohl die Herzlinie prägender sein. Mündet diese eine Linie eher in den unteren Bereich zum Mondberg hin, wird wohl die Kopflinie prägender sein.

Was bedeutet nun so eine Sperrung? Die Kopflinie symbolisiert ja unsere Verstandesintensität, also den Denk- und Lerneifer, die gedanklichen Pläne und Entscheidungen, alles, was wir mit dem Bewusstsein anstreben und bewältigen. Dadurch werden unser Ich und unsere Persönlichkeit geformt. Die Herzlinie zeigt uns alle Emotionen, Gefühlseindrücke, Freude, Glück, Trauer, Schmerz – alles, was unser Herz bewegt, und was vom Du – unserer Umwelt – auf uns einströmt. Beide Linien symbolisieren also „normalerweise" verschiedene Dinge, die oft zu verschiedenen Zeiten für uns eine Bedeutung haben. Und fast alle Personen können Liebe und persönliche Gefühle sehr gut von Denk- und Lernprozessen oder auch vom Beruf trennen. Nun aber gehen beide Linien ineinander über! Wo ist die Grenze? Es gibt keine! Die Gefühle kann der Verstand einfach nicht begreifen oder unter Kontrolle halten. Gleichzeitig aber können Gedanken und Kritik alle Gefühle so einengen, dass diese völlig zugedeckt werden. Die dauernde Überlappung zweier Gegensätze kann zu großen Spannungen führen. Das Gefühl wird logisch geprüft, der Verstand wird durch Emotionen verunsichert.

Dieses Ineinanderfließen kann sehr positive, kreative Spannungen erzeugen. Ganz häufig haben solche Menschen ungewöhnliche oder faszinierende Gaben – vor allem als Künstler, Erfinder, Forscher – in allen kreativen Bereichen. Genie und Wahnsinn liegen aber eng nebeneinander – es kann sie auch zerreißen und von einem Extrem ins andere stürzen lassen. Tiefe Mutlosigkeit könnte mit geradezu größenwahnsinniger Selbstüberschätzung wechseln.

Ratsam wäre ein möglichst selbstständiger Beruf, Eigenverantwortung, ein kreatives Ventil – beruflich oder als Hobby. Nicht so gut geeignet sind Teamarbeit und Vorgaben und Regeln, die gleichmäßigen Fleiß und Zuverlässigkeit verlangen.

Kindern mit so einer gesperrten Hand sollte man vielseitige künstlerische, schöpferische, sportliche Möglichkeiten und Anregungen bieten. In Liebe, Partnerschaft, Freundschaft kann es Probleme geben, wenn der Partner die heftigen Umschwünge nicht verstehen und auffangen kann. Sehr häufig haben diese Handeigner nämlich eine faszinierende oder besonders erotische Ausstrahlung. Sie fressen den Geliebten manchmal förmlich auf und stoßen ihn im nächsten Moment zurück. Man sagt ihnen eine Neigung zu gleichgeschlechtlichen Partnern zu – sie fühlen sich von ihnen eher verstanden und aufgenommen – das andere, „fremde" Geschlecht kann ihnen manchmal förmlich Angst machen.

Bei einer solchen Teilungslinie ist sehr darauf zu achten, ob sie Ästchen nach oben oder unten aufweist.

Ästchen nach oben: Es werden helfende Kräfte aus dem oberen, ideellen Bereich zugeführt.

Ästchen nach unten: Sie verstärken die animalische oder die seelische und gefühlsmäßige Intensität.

Links zeigt eine so gesperrte Hand, dass sich die heftigen Kämpfe, Unsicherheiten, das Hin- und Hergerissensein im Innern des Handeigners abspielen. Wenn ein Partner diese schwierigen, aber ungewöhnlichen Temperamentsschwankungen mitträgt, ist das für beide ein Geschenk. Bleibt so ein Mensch allein und unverstanden, hat er es nicht leicht. Man sollte sich unbedingt ein Hobby oder eine Gemeinschaft suchen, wo man ein Echo findet! Meist ist die praktische Alltagsbewältigung und der Umgang mit Geld schwierig. Eine gewisse finanzielle Absicherung wäre wünschenswert.

Rechts zeigt die so gesperrte Hand, dass eine besonders sorgfältige Berufswahl nötig ist! Mut und Risikofreude, großartiger Antrieb wechseln mit Depression und Gedanken an eine Flucht aus der Verantwortung. Gut wären eine vertrauensvolle berufliche Partnerschaft, Selbstständigkeit und ungewöhnliche Aufgaben. Auch hier ist eine gewisse finanziel-

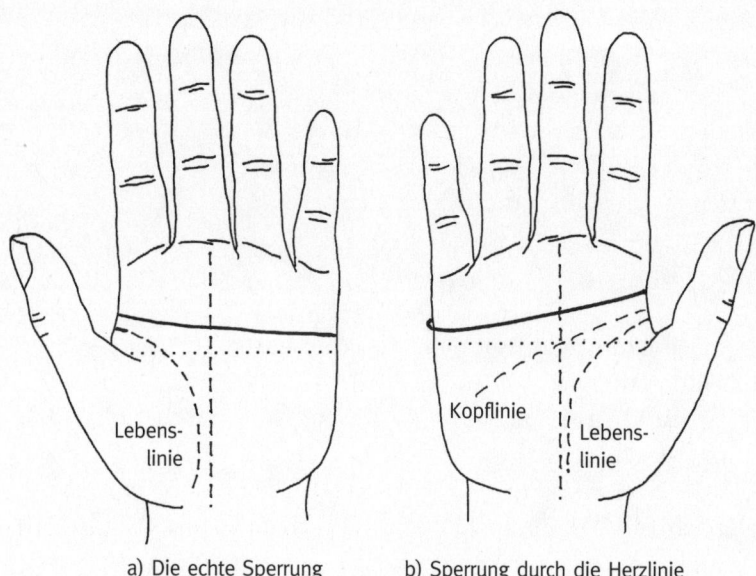

a) Die echte Sperrung b) Sperrung durch die Herzlinie

Abb. 18: Die gesperrte Hand

le Absicherung sehr anzuraten! Es besteht die Gefahr von Spekulation und falscher Einschätzung eigener Fähigkeiten.

Besonders wichtig: Immer auch die andere Hand betrachten! Gründlich die Möglichkeiten der Kopflinie befolgen! Wo zielt sie hin? Wo hat sie Hilfe? Und wo endet die Herzlinie mit ihren Zweigen? Weist der Ast in die Verantwortung (Mittelfinger), zeigt er das soziale oder familiäre Umfeld (Ringfinger) oder streben Zweige Verbindungen mit der Kopflinie an? Da die so gesperrte Hand immer nur links *oder* rechts zu finden ist, sollte man sich stark nach der Gegenseite richten.

1.2 Die Sperrung durch die Herzlinie (Abb. 18b)

Sie ist ebenfalls selten und nur in einer Hand zu finden. Sie verläuft im oberen Drittel – also vom Außen-Du zum Außen-Ich. Hier bleibt ja die Kopflinie von der Emotionalis isoliert. Alle Gefühle können also – vom Verstand unkontrolliert – überhand nehmen, aber auch die Illusionen.

Alles wird mit Überschwang aufgenommen, Glück und Begeisterung ebenso wie Abstürze in Verzweiflung und Depression. Meist sind solche Menschen ungemein liebenswert, leicht zu beglücken und ebenso leicht zu verletzen. Logik und Verstandeskraft werden ungern eingesetzt. Grenzen der Realität sind schwer zu erkennen. Partner können sich gefühlsmäßig sehr überfordert fühlen.

1.3 Die Sperrung durch die Kopflinie (Abb. 19a)

Sie gibt es häufiger. Meist geht sie vom Außen-Ich zum Innen- oder Außen-Du. Aber sie isoliert die Herzlinie. Diese Handeigner sind im Berufsleben kaum zu erkennen. Vor allem wenn sie eher rationale, geistig und kritisch orientierte Tätigkeiten ausüben: Chemie, Physik, Mathematik, Statistik, Steuer, Rechtswesen. Alles wird mit dem Kopf erfolgreich, oft hervorragend bewältigt, denn Zurückhaltung, ja Ver-

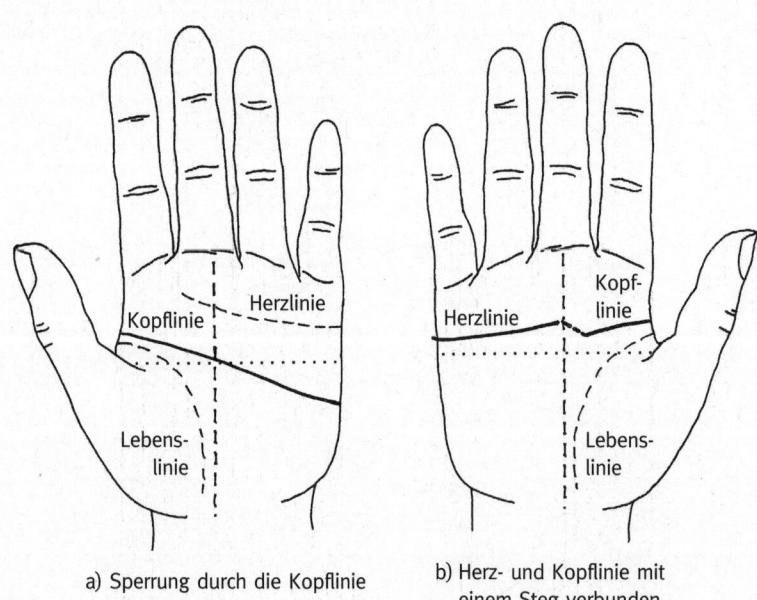

a) Sperrung durch die Kopflinie

b) Herz- und Kopflinie mit einem Steg verbunden

Abb. 19: Die gesperrte Hand

schlossenheit in der Kommunikation werden da sogar häufig begrüßt. Privat hat man alles ordentlich zu erledigen. Kinder sollen gut erzogen werden und fürs Leben lernen. Man hat klare Ziele und kann meist gut einteilen, organisieren und gut mit Geld umgehen. Alle diese Eigenschaften sind positiv im Alltag und Beruf einzusetzen.

Schwieriger kann die private Sphäre werden. Liebesschwüre und Überschwang werden als „Mätzchen" abgetan. Man gehört zueinander oder nicht – basta! Wenn der Partner Zärtlichkeit sucht und fordert, wird er oft darben müssen. Für die Kinder ist man eher Vorbild als Liebesobjekt. Gut funktionieren Freundschaftsehen oder Bindungen, bei denen die Partner auch beruflich stark aufeinander eingestellt sind.

1.4 Herz- und Kopflinie mit einem Steg verbunden (Abb. 19b)

Man sieht eine feine Verbindung – oft etwas schräg verlaufend – zwischen der abbrechenden Herz- und der ebenfalls abbrechenden Kopflinie – sozusagen eine Brücke. Man kann also zwischen beiden Polen wechseln. Die Emotionen suchen vielleicht Rat und Halt bei der Verstandesintensität. Das kritische Denken lässt auch einen Gefühlseinfluss zu. Das Niveau des Handeigners ist hier sehr entscheidend.

Links und rechts: Man sollte aufpassen, dass man nicht zwischen den beiden Extremen hin- und herpendelt, sondern ein Gleichgewicht sucht und findet.

2. Impuls- und Energielinien

2.1 Impulslinien fördern die eigene Durchsetzung (Abb. 20a)

Schauen Sie bitte auf den Daumenballen Ihrer Hand, links und rechts. Innerhalb der Lebenslinie steigen von der Handwurzel unten etliche Linien aufwärts. Man sieht sie besonders deutlich bei leicht angelegtem Daumen. Bis zum Fingeransatz des Daumens können Sie leicht 4, 5 oder 8 dieser Linien zählen, einige sind länger, andere kürzer. Es sind

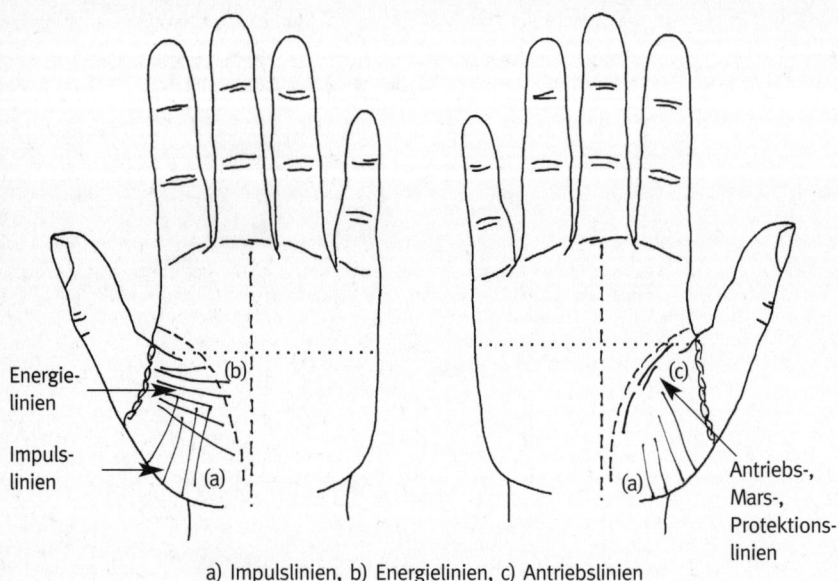

Energie-
linien

Impuls-
linien

(b)

(a)

(c)

(a)

Antriebs-,
Mars-,
Protektions-
linien

a) Impulslinien, b) Energielinien, c) Antriebslinien

Abb. 20: Impuls- und Energielinien

dies die so genannten *Impulslinien*. Vom Fingeransatz des Daumens
können Sie aber auch etliche Linien sehen, die diese Impulslinien kreuzen und quer über den Daumenballen auf die Lebenslinie zulaufen. Das
sind die so genannten *Energielinien*. Fast immer bilden sie ein Gitter mit
den Impulslinien. Bewegen Sie nun den Daumen hin und her. Sie spreizen ihn ab und legen ihn wieder an die Hand an. Dabei werden die
Überkreuzungen und das Gitter deutlich erkennbar.

Die von unten aufsteigenden Impulslinien bleiben völlig im Innen-
Ich-Bereich. Sie sind also vitale und gefühlsmäßige Anstöße. Da sie über
den Venusberg (Daumenballen), also den Sitz unseres Liebesvermögens
und der Liebesfähigkeit laufen, kann bei starken und vielen Impulslinien ein heftiger Wunsch nach Ich-Durchsetzung der Gefühle und
Ich-Befriedigung dieser Bedürfnisse vorhanden sein.

2.2 Energielinien verstärken die Lebensintensität (Abb. 20b)

Nun werden diese Impulslinien von den quer zur Lebenslinie laufenden Energielinien gekreuzt. Ebenfalls über den Venusberg – also den Daumenballen durchquerend – streben sie aber hinüber zum Du, auf die Lebenslinie zu, manchmal noch über diese hinaus. Es entsteht ein Gitter. Gitter versperren. Hinter Gittern ist man gefangen. Meist ist dieses Gitter unten an der Handwurzel zu finden. So haben wir sehr häufig bei diesen Menschen einen Zwiespalt, einen Kampf:

„Ich möchte dies oder jenes tun! Ich möchte frei sein und meinen Impulsen, Wünschen und Trieben nachgeben, über die Energielinien hinweg!" Die aber sagen „Halt! Nicht nur für dich selbst sollst du deine Kräfte einsetzen! Auch für das Du hast du Aufgaben – nicht nur für dich!" Jeder weiß, wie oft ein mehr oder weniger starker Egoismus mit den Lebenspflichten in Konflikt kommt!

In unserer Zeit ist das Wort „Selbstverwirklichung" geradezu ein Glaubensbekenntnis geworden. Die eigene Fähigkeit auszuschöpfen ist gut und richtig – sie *nur* für sich selbst einzusetzen, kann eines Tages zur Vereinsamung führen. Energielinien zeigen uns die enormen Vitalkräfte an. Wir sollten sie nutzen! Viele Menschen sparen mit sich, wollen sich nicht verausgaben. Dabei sind diese Energielinien auch die Bäche, die einen kurzen Vitalisfluss ergänzen und den gedachten Fortlauf der Lebenslinie übernehmen. Auch hier ist wieder links und rechts zu unterscheiden. Haben wir vielleicht innerlich mehr Energie in Reserve, als wir uns zutrauen (links) oder sollten wir sie tatkräftig im Alltag einsetzen (rechts)?

Nun gibt es noch die so genannten *Antriebslinien* (Abb. 20c), die man aber besser und häufiger mit den Namen *Marslinien* oder *Protektionslinien* bezeichnet.

3. Die Protektions- oder Marslinien

3.1 Protektionslinien (Abb. 20c und 21a)

Sie verlaufen parallel zur Lebenslinie, und zwar nur auf der Daumen-
ballenseite. In vielen Händen findet man sie aber gar nicht. Am häufigs-
ten ist nur eine Parallellinie in nur einer Hand, manchmal mit unter-
schiedlicher Länge in beiden Händen. Zwei oder drei solcher Antriebslinien als Begleiter der Lebenslinie sind selten. Bitte nicht mit den von
unten aufsteigenden Impulslinien verwechseln! Diese enden weiter
unten, sie reichen also nicht so weit nach oben. Antriebs- oder Mars-
oder Protektionslinien verlaufen dagegen von oben nach unten und sind
länger und deutlicher markiert. Meist also haben wir – wenn! – nur eine
solche Antriebslinie, die wir Mars- oder Protektionslinie nennen. *Mars-
linie,* weil sie meist kurz nach Beginn der Lebenslinie auftaucht und
damit auf dem Marsberg ihren Ursprung hat. Sie ist links oder rechts
eine Art Verdoppelung der Lebensintensität. Kraftreserven und Leis-
tungszuwachs wären hier zu finden – meist im oberen Drittel, einem
Teilstück des Lebensweges. Etwa Jugend bis Lebensmitte. Mars, der
junge, aktive, ungestüme Gott der Antike gibt also hier Tatendrang und
verstärkte Aktivität. *Protektionslinie* heißt sie deshalb, weil diese Handeigner eigentlich immer in der ersten Lebenshälfte Förderer haben, die
ihnen helfen oder Wege weisen: Elternhaus, Lehrer, Vorgesetzte,
Führungspersonen.

Finden wir diese *Protektionslinie rechts,* weiß der Handeigner mit Sicherheit von Erlebnissen oder Begegnungen, die eine solche Förderung,
eben eine Protektion, bewirkten.

Finden wir diese *Protektionslinie links,* weiß der Handeigner fast nie,
wer ihm weiterhalf, ihn vielleicht bewahrte und beschützte oder ihn för-
derte.

Den Handeignern aber entsteht aus so einer Protektionslinie, die sie
ein Wegstück begleitete, die Verpflichtung, etwa ab der Lebensmitte
selbst andere zu fördern oder ihnen zu helfen.

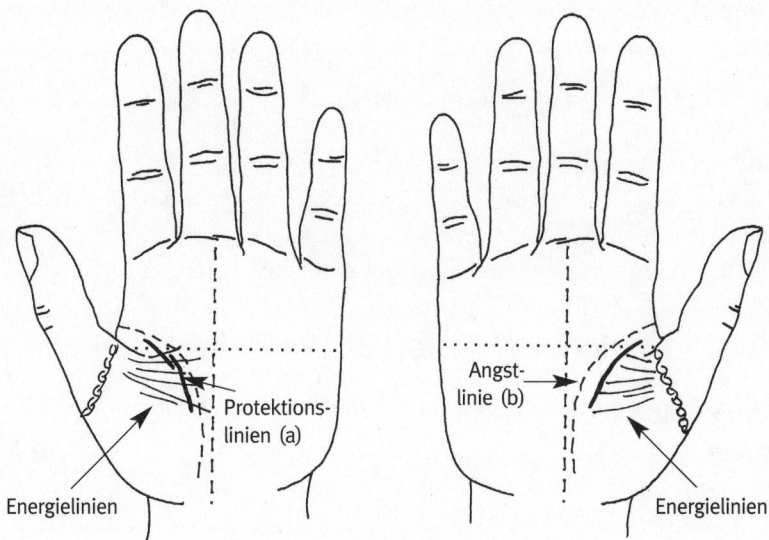

Abb. 21: a) Mars- oder Protektionslinien, b) Angstlinie

3.2 Die Protektionslinie wird zur Angstlinie (Abb. 21b)

Das Merkmal der so genannten Angstlinie ist nicht so häufig, und wenn, fast immer nur links *oder* rechts zu finden. Handeigner mit einer Mars- oder Protektionslinie haben ja wie alle Menschen Energielinien, die zur Lebenslinie strömen. Meistens gehen sie über die Protektionslinie hinaus und münden in die Vitalis. Manchmal bleiben sie aber an der Protektionslinie stehen. Dann wird aus der Protektionslinie eine Angstlinie.

Eigentlich müsste man ja Furchtlinie dazu sagen. Furcht ist etwas Reales. Ich fürchte mich allein im Haus, ich fürchte mich vor Hunden, vor der Verantwortung, meine Enkelkinder zu beaufsichtigen, jemandem auch nur eine kleinere Summe Geld zu borgen. Angst dagegen sitzt tief in uns drin: Albträume, Lebensangst, Todesangst – dies ist jedoch nicht gemeint. Es ist die Furcht vor dem Wagnis, Furcht vor dem Risiko. Ich schrecke vor den eventuellen Folgen eines Entschlusses zurück.

Da führen die Energielinien der Lebensintensität also keine Kraft zu, sondern bleiben an der Protektionslinie stehen. Die Menschen verzagen, trauen sich nicht und haben keinen Mut, ein Wagnis einzugehen.

Links: Die innerliche Konsequenz, einen Schlussstrich zu ziehen, eine Bindung abzubrechen oder Ähnliches.

Rechts: In der Alltagsrealität schreckt man eventuell davor zurück, sich einer notwendigen Operation zu unterziehen, eine Umschulung durchzuführen, wenn der alte Beruf keine Chance mehr bietet.

Wenn man um diese Merkmale in der Hand weiß, kann man versuchen, solchen Ängsten zu begegnen: Kleine Mutproben eingehen. Sympathien und Vertrauen bei Bekanntschaften wagen. Bei Enttäuschungen nicht gleich alles hinschmeißen. Für andere eintreten – es gibt immer einen Schwächeren! Die Blockade kann man überwinden. Man soll es versuchen – damit sich nicht die Reue einnistet, man hätte einen Glücksmoment verpasst.

4. Übung zu Arbeitsblock III

Prüfen Sie bitte, ob Sie diese Merkmale in Ihren Händen finden, und kreuzen Sie an:

Gesperrte Hand	links	rechts
Sperrung durch Herz- und Kopflinie	☐	☐
Sperrung durch Herzlinie	☐	☐
Sperrung durch Kopflinie	☐	☐
viele Energielinien	☐	☐
viele Impulslinien	☐	☐
Protektionslinie	☐	☐
Angstlinie	☐	☐

Arbeitsblock IV

1. Die Götter geben unseren Fingern Namen

Wir haben bisher die üblichen Bezeichnungen der Finger verwendet: Daumen – Zeigefinger – Mittelfinger – Ringfinger – kleiner Finger. In der chirologischen Literatur sind aber vorwiegend Namen gebräuchlich, die man dem Götterhimmel der Römer entlehnte.

Die Griechen und Römer der vorchristlichen und nachchristlichen Zeit glaubten an eine große Zahl von Göttinnen und Göttern. Deren Faszination bestand – und besteht noch heute – darin, dass man davon ausging: Wie oben (im Götterhimmel) – so unten (auf der Erde), oder umgekehrt: Wie unten – so oben.

Die gravierendsten menschlichen Eigenschaften, beglückende wie verachtenswerte, schrieb man also den verschiedenen Gottheiten zu. Damit war der Umgang mit ihnen höchst vertraut. Auf entsprechend höherer Ebene erkannte man sich immer wieder und fand die eigenen Tugenden und Laster wie die der Umwelt in den Mythen und Geschichten der Götter widergespiegelt.

Die Hand, die so beredt und lebendig und ausdrucksvoll zur Kommunikation benötigt wurde, bot sich an, diese Eigenschaften ebenfalls zu symbolisieren. Und so gab man den Fingern wie auch den Bergen der Hand ebenfalls Götternamen und schrieb auch ihnen die Eigenschaften der jeweiligen Gottheiten zu (Abb. 22). Es ist höchst verblüffend, wie diese auch stets zu den betreffenden Fingern oder Bergen passen! Ab Seite 144 stellen wir Ihnen auch noch ganze Handtypen (Planetenhände) vor, die mit der Göttertypologie ebenfalls übereinstimmen. *Sie sollten sich also bitte die Begriffe merken. Sie werden sie in jedem Handdeutungsbuch finden – und in jeder Sprache.*

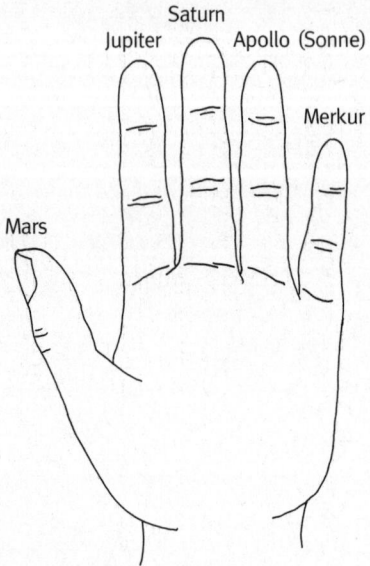

Abb. 22: Planetenkräfte in der Hand

1.1 Der Daumen (Marsfinger)

Der Daumen wurde dem Gott *Mars* zugeschrieben. Mars ist der junge, stürmische Kriegsgott. Er hat eine ungebändigte Kraft, einen starken Kampf- und Durchsetzungswillen und will erobern. Erobern auch mit seiner sexuellen, leidenschaftlichen Jugend. So gilt der aktivste und stärkste Finger, der Daumen, als Symbol von Willen und Energie, vitalem Drang und sexuellem Trieb (es muss nicht Liebe sein!). Im Daumen sehen wir auch die Egozentrik auf der Ich-Seite der Hand – das ist nichts Negatives. Ohne Egozentrik wäre die ursprüngliche „Ich-will-leben"-Durchsetzung nicht möglich. Der Daumen ist also Symbol der Urkraft, des Antriebs in uns.

Merken Sie sich bitte: Je tiefer der Daumen angesetzt ist, um so weiter lässt er sich abspreizen. Der Unabhängigkeitsdrang ist dann groß, aber auch die Aufgeschlossenheit und Risikobereitschaft. Bei einem Winkel von 90 bis 110 Grad spricht man von extremer Extrovertiertheit, auch in sexueller Hinsicht.

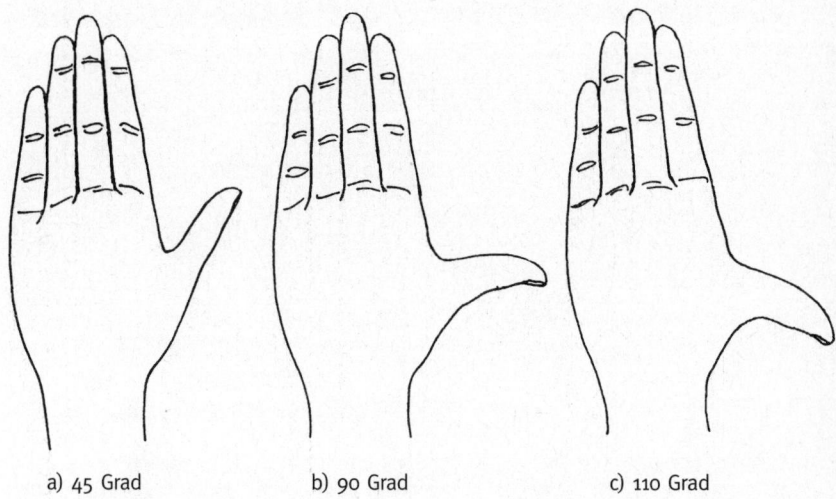

a) 45 Grad   b) 90 Grad   c) 110 Grad

Abb. 23: Daumenabspreizung

Ist der Daumen hoch angesetzt, lässt er sich nicht so weit abspreizen, und dann bleibt die Antriebskraft eher gebremst. Man wagt sich nicht so weit hinaus, beharrt auf seinem Willen und ist nicht so flexibel nach außen, etwa bei einer Abspreizung um 45 Grad.

Eine Abspreizung um 90 Grad wäre die Mitte zwischen diesen beiden Gegensätzen (Abb. 23).

Ist der Daumen kräftig und kurz und nicht sehr beweglich, werden Wille und Antrieb eher schubweise aktiviert. Dann aber will man sich behaupten und kann sogar rücksichtslos werden.

Ist der Daumen lang, schlank, beweglich und auch biegsam, werden Wille und Antrieb, auch die Triebe mit Zähigkeit und Vernunft eingesetzt. Dadurch wirkt man anpassungsfähig und beherrscht.

Daumen verläuft gerade: Ungezügelter Wille und Trieb. Man kann sich und seine Kräfte schwer bremsen. Dies kann positiv und negativ sein!

Daumen hat eine Taille: Man kann sich zügeln und zurücknehmen. Wille und Trieb werden diplomatischer, sensibler eingesetzt. Dies kann positiv und negativ sein!

Links werden sich alle Eigenschaften und Möglichkeiten des Marsfingers eher in inneren Spannungen und Wünschen äußern. *Rechts* bezwingt oder überfährt man damit die Umwelt.

1.2 Der Zeigefinger (Jupiterfinger)

Der Zeigefinger wurde der obersten Gottheit des Olymp, *Jupiter,* zugeschrieben. Er regierte in der Götterwelt mit Autorität und Führungskraft. Er strafte und belohnte und stand für Gerechtigkeit und Stolz. Sein Selbstbewusstsein war sehr ausgeprägt und konnte sich in Eitelkeit und Überheblichkeit zeigen. Mit Blitz und Donner fuhr er herab und sorgte oben wie unten für Ordnung. Wurde er anerkannt, geliebt und gelobt, konnte er äußerst großzügig, gutmütig und humorvoll sein. Wenn nicht, grollte er voll Zorn. Er beglückte zahlreiche göttliche und menschliche Damen in fantasievoller Tarnung: als Stier, als Schwan, ja sogar als Goldregen. Auf menschliches Verhalten übertragen heißt das: Anspruch auf Selbstverwirklichung und eigener Entfaltungswunsch. Das sind die markanten Eigenschaften, die dieser Finger symbolisiert.

Auf der Ich-Seite der Hand, eng mit dem Daumen verbunden, sind seine Größe und Breite höchst aufschlussreich für den Charakter eines Handeigners.

Ist der *Zeigefinger länger als der Ringfinger?* Dann dominiert die Ich-Durchsetzung und der Autoritätsdrang. Das Du kann man beschützen und führen, aber man selbst bestimmt, wie! Die eigene Entfaltung hat Vorrang.

Ist der *Zeigefinger kürzer als der Ringfinger?* Dann werden eigene Wünsche und eigene Zielsetzung dem Wohl des Du untergeordnet – manchmal freiwillig, manchmal unter Opfern.

Sind *Zeige- und Ringfinger von gleicher Länge?* Selbstverwirklichung und Du-Ausrichtung halten sich die Waage, entweder einsichtig, ja sogar mit Freude oder zähneknirschend, weil man muss.

Der Jupiterfinger kann – hoch erhoben – mahnen, beschwören, Belehrung erteilen. Er kann – leicht gebogen – Menschen zu sich heranlocken. Er kann – gestreckt – sie gnadenlos abweisen oder ihnen Schuld zuschieben (fanatische Redner).

Er kann – zum Boden geneigt – Demut und Dank entgegennehmen (Papst, Könige) oder befehlend zum Unterwerfen, Dienen, Gehorchen auffordern (Sklave, Kind, Hund).

Ist der *Jupiterfinger kurz und schmal:* Unauffälliger Ehrgeiz aus dem Hintergrund. Auseinandersetzungen werden vermieden. Stilles zähes Durchgreifen. Man hat Minderwertigkeitsgefühle, dass man in der Durchsetzung nicht so robust ist wie andere.

Der *Finger verläuft ohne Taille:* Die Kräfte lassen sich konstant einsetzen, Engpässe oder Durststrecken sind nicht so spürbar und verunsichern nicht nachhaltig. Eher Gefahr der Anmaßung und Überheblichkeit.

Der *Finger hat eine Taille:* Die Selbstverwirklichung muss sich immer wieder gegen Widerstände behaupten.

Links: Innere Zweifel, Unsicherheit, Angst vor Blamage.

Rechts: Druck von außen, Konkurrenzkampf, Mobbing.

1.3 Der Mittelfinger (Saturnfinger)

Der Mittelfinger wurde dem Gott *Saturn* zugeordnet. Der war nicht so beliebt, dafür unauffällig, ernst und verschlossen. Er stand für Pflichten, Beschränkung und Bewahrung. So symbolisiert dieser unser längster Finger all diese Eigenschaften: Unsere Aufgaben uns selbst und anderen gegenüber. Er ist sozusagen das Kreuz, das jeder von uns zu tragen hat. Der Ernst des Lebens und vor allem auch die Sinnsuche. Und wir alle wissen, wie schwer uns oft die Frage belastet: Ist das der Sinn meines Lebens – dieser Verlust, dieses Leid, diese Entbehrungen?

In der Mitte der Hand weist uns der Saturnfinger auch auf die Balance zwischen der Ich- und der Du-Seite hin – er heißt nicht umsonst Schicksalsfinger. Unser Verhältnis zu Abschied, Verlust und Tod kann er ebenfalls ausdrücken.

Mit dem Saturnfinger machen wir wenig Bewegungen. Und in Verbindung mit dem Jupiterfinger hat er nur schwerwiegende Bedeutung: Wir leisten mit diesen beiden Fingern einen Eid oder zeigen die Sieges- und Kampfgeste: V = Victory. In neuerer Zeit wird er allerdings auch als Zeichen der Verachtung eingesetzt: als „Stinkefinger".

Besonders ausschlaggebend ist beim Saturnfinger, zu welcher Seite sich seine Spitze neigt: ein wichtiger Hinweis für die Ich- oder Du-Aufgaben in unserer Hand.

Saturnfinger gerade, lang und groß, deutlich höher als die beiden Seitenfinger: Pflichtbewusstsein und Integrität sind Lebensgrundsätze. Verantwortung übernimmt man und kann sie auch tragen. Der Ernst der Lebensbewältigung bedrückt manchmal – auch andere. Man will vor sich selbst bestehen. Beschränkung und Maßhalten sind bei Handeignern mit einem solchen Saturnfinger selbstverständlich. Oft besteht ein starkes, allerdings konservatives Glaubensfundament.

Eine gewisse Starrheit und die Anspruchslosigkeit gegenüber den Verlockungen des Lebens können zu Sparsamkeit, ja Geiz und Härte führen, Genauigkeit und Ordnung in Pedanterie und Pingeligkeit ausarten. Bei allen anderen Vorzügen ist so ein dominanter Saturnfinger oft ein Anzeiger für wenig Humor und Kargheit der Gefühlsäußerungen – nicht der Gefühle selbst. Grübeln – aber wenig lachen.

Saturnfinger gerade, schlank, kurz, fast gleich hoch wie die beiden Seitenfinger: Hier wird das Leben leichter genommen. Verantwortung trägt man nicht allzu gerne und schiebt lästige Pflichten möglichst rasch beiseite. Pünktlichkeit und Zuverlässigkeit sind nicht die stärksten Seiten. Auch die Beschäftigung mit Trauer, Verzicht oder Einschränkung wird möglichst unterlassen. Diesen Handeignern fällt Geduld sehr schwer.

Sie geben sich bei allen Anforderungen herzliche Mühe – aber wenn sie es nicht ganz so perfekt schaffen, ist es für sie auch nicht so tragisch. Der Weg vom Ich zum Du ist rasch gefunden. Natürlich sind Menschen mit solchen Saturnfingern nicht die wichtigen, paragraphenkundigen Stützen im sozialen Gefüge, sondern sie sind „leichten Herzens" – mit allen Nebengleisen wie Verhuschtheit, Vergesslichkeit, Nachlässigkeit und Ungenauigkeit. Zum großen Sinn des Lebens und Sterbens haben sie kaum Zugang.

Der *Saturnfinger verläuft ohne Taille:* Aufgaben und Pflichten nimmt man auf sich – oft sogar mit einem gewissen Stolz: „Einer muss es ja machen." Und man macht es gewissenhaft, ohne zu klagen. Es gibt einem manchmal sogar eine gewisse Daseinsberechtigung.

Saturnfinger mit Taille: Man tut sich schwer, alle Lebensumstände wirken belastend und bringen Sorgen. Eine rosarote Brille trägt man nicht.

Links: Selbstzweifel, Bedrückungen, schlechtes Gewissen. Oft möchte man aufgeben.

Rechts: Immer wieder gegen Widerstände behaupten, die man meist zu schwer nimmt und zu düster sieht.

1.4 Der Ringfinger (Sonnen- oder Apollofinger)

Der Ringfinger trägt die lateinische Bezeichnung des Gottes *Apollo*. Der war ein Sonnengott, daher hat sich bei uns auch der Name *Sonnenfinger* eingebürgert. Apoll hat in den Mythen vielerlei Gestalt. Er verkörpert vor allem den Gott der Musen und der Künste, aber ihm ist auch der Tempel in Delphi geweiht, wo die Pythia das Schicksal weissagte, indem sie seine Worte den Menschen weitergab. Er galt als strahlender, helfender Gott. Seine weisen Ratschläge bezahlten die Fragenden mit reichen Goldschätzen. Der Orakelspruch in Delphi, der ihm zugeschrieben wird, heißt: „Erkenne dich selbst!" Er appellierte an die Ideale der Menschen, an die Gerechtigkeit, an die liebende Wärme. So verkörpert dieser Ringfinger die große Hinwendung zum Du – das in vielerlei Gestalt auf uns einwirkt. Der Einsatz für uns anvertraute Menschen und Aufgaben kann unterschiedlich sein – das macht die Aussage dieses Fingers nicht einfach.

Da haben wir neben der Beglückung für und durch Partner auch die Bindung an die Familie. Beruf und Berufung werden hier wichtig. In welche Bereiche zielen sie: Kunst und künstlerischer Einsatz, soziales und religiöses Anliegen, esoterische Neigungen, helfen und heilen. In diesem Finger werden neuerdings in Verbindung mit der Sonnenlinie sogar weissagende, seherische Kräfte vermutet – das sollte man jedoch äußerst vorsichtig beurteilen, da es sehr seltene Geschenke sind.

Sonnenfinger gerade, größer als Jupiterfinger, durchgehend glatt und rund: Hier sind unbedingt Gaben für die geschilderten Gebiete zu sehen. Wurden sie bisher noch nicht voll aktiviert, sollte man versuchen, diese Kräfte auf ein Ziel zu lenken: Interesse für eine sozial engagierte

Gruppe? Für Religion oder Esoterik? Beschäftigung in kunst- oder naturliebenden Gruppen? Singen – Wandern – Blumenstecken – Kleider – Essen – Tierpflege? Alles, was anderen Freude macht und das eigene Herz beglückt.

Links: Etwas aus diesen Gebieten sich erlesen oder erlernen, würde bereichern. Oft aber erfüllt bereits eine innere Bereitschaft, das liebevolle „Dienen" für andere alle Anforderungen so eines Fingers.

Rechts: Herausfinden, wozu das Herz Ja sagt, und dann neben dem Beruf in der Freizeit unbedingt ausprobieren!

Sonnenfinger (kürzer als Jupiterfinger) schlank, dünn:

Rechts: Alle musischen, religiösen oder sozialen Anliegen sind zwar vorhanden, aber nicht lebensnotwendig. Ein hübsches Volkslied, ein Blumenaquarell oder ein trauriger Liebesfilm, ein spannender Krimi sättigen die Bedürfnisse auf diesem Gebiet.

Links: Oft leidet man unter den belastenden Verpflichtungen. Man hat sogar das Gefühl, an seinen Möglichkeiten vorbeigegangen zu sein. Die Wunschbilder können aber in der Fantasie und der Vorstellung wunderbarer sein, als man sie je in der Realität hätte ausüben können.

Sonnenfinger ohne Taille: Alle geschilderten Kräfte können sich – je nach Neigung – ohne große Barrieren entwickeln. Das gibt meistens ein starkes inneres Gleichgewicht und eine harmonische Ausstrahlung auf die Umwelt.

Sonnenfinger mit Taille: Das Verwirklichen und Ausüben aller Gaben fällt nicht leicht. Einschränkungen und Opfer und Arbeit an sich sind zeitweise mühsam und benötigen Geduld. Um so froher und „sonniger" ist man, wenn wieder eine Hürde bewältigt wurde.

1.5 Der kleine Finger (Merkurfinger)

Der kleine Finger wurde dem Gott *Merkur* zugesprochen. Merkur war Mittler und Bote zwischen den Göttern und Menschen. Man brauchte seine flinken Dienste, um schwierige Situationen zu meistern. Mit Überredungskunst und geschicktem Handeln, oft ebenso geschickten Lügen und Tricks war er der „Hansdampf in allen Gassen" der Antike. Der kleine Finger, der sich so beweglich zum Du abspreizen lässt, der winkt und kokettiert und beredte Zeichen aussendet, ist also höchst geeignet, die Gaben dieses Gottes zu symbolisieren. Er steht für Kontakt und Kommunikation, rasches Handeln (da steckt auch der Handel mit drin) und Wortgewandtheit beim Schreiben und Reden. Das trug Merkur später den Beinamen „Gott der Diebe und Kaufleute" ein, was aber eine böse Überspitzung ist. Ein gut entwickelter kleiner Finger zeigt aber immer die Gabe, überzeugend zu reden und zu schreiben, treffend zu formulieren und zu argumentieren. Je weiter er sich abspreizen lässt, je beweglicher er wirkt, um so lebhafter das Bedürfnis nach praktischer, agiler Alltagsbewältigung. Schnelles Reagieren und pfiffiges schlaues Denken – oft mit Witz und Humor verbunden – machen Handeigner mit so einem aktiven Merkurfinger für viele Berufe sehr geeignet.

Merkurfinger groß (reicht fast bis ins obere Glied des Apollofingers), gerade, kräftig und gut abzuspreizen: Reden, schreiben, moderieren. Zeichnen, basteln. Geschick in allen praktischen Handgriffen. Lässt sich der Finger sehr abspreizen, kann man gut in der Öffentlichkeit auftreten, überzeugen oder werben: für eine Seife aus Gemüseresten ebenso wie für Pornografie als Kunstwerk. Man kann aber auch in Wort und Schrift begeistern, aufrütteln und Interessen wecken.

Merkurfinger klein, kürzer, schmal: Man ist sehr konzentriert, zurückhaltend und wägt die Worte ab. Beschränkung auf Wesentliches, das aber wird bestimmt, sogar unnachgiebig durchgesetzt. Als Adjutant oder Berater im Hintergrund hat man bessere Chancen als vorne auf dem Podium. Den Satz: „Reicht man den kleinen Finger, wird gleich die ganze Hand genommen" hat man nicht allzu gerne. In der Partnerschaft und Freundschaft allerdings wartet so ein Handeigner oft sehnsüchtig darauf. Und nach anfänglicher Scheu und Misstrauen hat er dann endlich das Gefühl, nicht immer anderen gegenüber benachteiligt zu sein.

Merkurfinger ohne Taille: Optimismus und die Ausstrahlung: „Mir gelingt eigentlich alles!", was auch sehr häufig zutrifft. Auf diesen Gebieten zielstrebiges, fleißiges Arbeiten, gute berufliche Erfolge. Und Pannen kann man immer überbrücken.

Merkurfinger mit Taille: Es gibt Durststrecken, während derer man sich schwer tut, weil so viel schief geht. Aber man hat die Gabe, sich immer wieder am Schopf zu packen und aus dem Schlamassel zu ziehen.

2. Was verstärkt die Fingerkräfte – was hemmt sie?

2.1 Finger mit und ohne Taille (Abb. 24a)

Nachdem Form und Länge der einzelnen Finger besprochen wurden und Ihnen die symbolischen Eigenschaften, die sie verkörpern, vertraut sind, beachten Sie bitte noch zwei wichtige Merkmale. Sie strecken Ihre Hand aus – am besten wieder links – und erkennen vielleicht an der Beschaffenheit Ihrer Finger, ob der eine oder andere eine Taille hat oder nicht.

Das wurde bereits bei den einzelnen Fingern erwähnt: Taille heißt eine Verengung, eine Zusammenfassung, die „schlank" macht. Die Kräfte werden also gezwungen, sich zu konzentrieren, nicht auszuufern, sondern sich zu beschränken.

Beugen Sie die Finger leicht nach innen, wie zu einer Kralle. Deutlich sehen Sie die markanten Gelenkquerlinien, die jeden Finger in drei Abschnitte aufteilen. Die Gelenklinien haben keinerlei inhaltliche Bedeutung, sie dienen nur der Beugung. Nun teilen Sie die „Wegstrecke" des jeweiligen Fingers in drei Abschnitte. Am unteren Fingerglied ist „Start", in der Mitte „Weg" und die obere Fingerkuppe „Ziel". Wenn Sie dabei das Bild eines Hundertmeterläufers vor Augen haben, wird Ihnen das leicht fallen. Ein Sportler spurtet mit ungeheurem Elan los, dann verliert er auf der mittleren Strecke an Tempo und vor dem Ziel hat er die meisten Kräfte verbraucht.

Ein anderer hat es am Beginn der Hundertmeterstrecke schwer. Alle überholen ihn. Aber nach den Startschwierigkeiten holt er auf und geht dann zur Verblüffung aller mit als Erster durchs Ziel. Ein Dritter tut sich vielleicht noch schwerer. Er läuft langsam an, gewinnt auch unterwegs nur zögernd an Tempo, aber kurz vor dem Ende verdreifacht er seine Anstrengung zu einem tollen Endspurt! Nun setzen Sie dieses Bild auf die Fingerkräfte um: Wo eine Taille den Finger schmaler und enger macht, da wird es Engpässe geben, da tut man sich schwer. Wo der Finger rund und kraftvoll bis zur nächsten Gelenklinie weitergeht, da können sich die Anlagen gut entfalten!

Grundglied rund, fest und stark

Jupiterfinger: Vehementer Anfang, gute Umweltausstrahlung, starke Durchsetzung bei allem, was man beginnt.

Saturnfinger: Alle Pflichten und Aufgaben werden von Anfang an gerne übernommen und die Verantwortung für andere nimmt man ernst. Der eingeschlagene Weg wird nicht infrage gestellt.

Sonnenfinger: Alle ideellen, künstlerischen und sozialen Anliegen, Lernziele und Hobbys beginnt man mit Elan und Begeisterung.

Merkurfinger: Gute Alltagsbewältigung, keine Kommunikationsprobleme.

Grundglied mit Taille

Jupiterfinger: Mangelndes Selbstbewusstsein, zögernde Durchsetzung, man fühlt sich im Schatten der anderen.

Saturnfinger: Man lebt oft ohne Verwurzelung, hadert mit Notwendigkeiten oder Verpflichtungen. Alles ist schwer.

Sonnenfinger: Häufig unsichere Suche nach Glück, auch nach Liebe. Verschwommene Ideale oder gar keine. Sehnsüchte, keine Taten.

Merkurfinger: Schüchternheit, eventuelle Lernschwierigkeiten. Anpassung fällt schwer. Haushalten ist nicht leicht.

Mittelglied groß, rund, stark

Jupiterfinger: Hat man erstmal eine Basis gefunden, wird stetig und unbeirrt die Eigenbehauptung durchgesetzt.

Saturnfinger: Zu Sinn und Aufgabe im Leben hat man Ja gesagt und akzeptiert das in guten und schweren Situationen.

Sonnenfinger: Alle gefundenen Ideale und Herzensbindungen werden voll ausgelebt und neue werden gerne angenommen.

Merkurfinger: Egal, wie sich der Alltag zeigt, man wird mit ihm finanziell und arbeitsmäßig auf umsichtige Weise fertig.

Mittelglied mit Taille

Jupiterfinger: Der Anfangsschwung war noch so schön und so mitreißend – aber jetzt muss man sich um Selbstachtung und Ansehen in der Umwelt abmühen.

Saturnfinger: Pflichten und Verantwortung können zu einem Kreuz werden, das schwer auf den Schultern lastet.

Sonnenfinger: Enttäuschung und Alltagssorgen oder Gleichgültigkeit lassen allmählich die hohen Ideale schrumpfen oder verblassen.

Merkurfinger: Manchmal glaubt man, den Anforderungen des Alltags nicht gewachsen zu sein, und tut sich schwer damit.

Fingerkuppe voll, rund, gerade

In der Fingerkuppe, dem Endziel jeden Fingers, können sich die geschilderten Kräfte nach dem langen Weg noch einmal sammeln. Jede Aufgabe, jedes Lernziel, jedes Ideal wird doch noch auf die ein oder andere Weise verwirklicht.

Fingerkuppe flacher, dünner, spitzer

Man hat nach dem Anfangseifer nun keine Lust mehr: „Ich muss mich ja gar nicht durchsetzen, sollen sich doch die anderen abrackern.", „Diese Aufgabe übernehme ich nicht, die Kohlen hole ich nicht aus dem Feuer!", „Die Realität sieht eben immer anders aus, da bleibt keine Zeit für Schwärmereien!", „Was ich habe, genügt mir, und im Übrigen will ich in Ruhe gelassen werden!"

Übrigens: Meistens werden nur eine oder zwei Fingerkuppen auffallend kleiner und dünner und schlanker. Die Lebenseinstellung der Handeigner gegenüber den betreffenden Themen ist fast nie Traurigkeit, sondern Gleichgültigkeit.

2.2 Der Daumen

Der Daumen hat nur zwei Fingerglieder und fällt daher aus dem Fingerschema. Hier ist das Grundglied der Start und die Kuppe das Ziel. Mars hat eben für den Weg keine Geduld! *Beim Daumen ist außerdem der Unterschied zwischen Beere und Spitze besonders zu beachten!*

Grundglied rund, fest, gerade
Alle Antriebs- und Triebkräfte schießen ungehemmt und ungebremst auf das Ziel los. Das hat etwas Mitreißendes, Überzeugendes und gibt enorme Kraft für die Durchsetzung des eigenen Willens.

Grundglied mit Taille
Trieb und Energie erreichen mit Diplomatie und Anpassung, die sich schlank macht, auch ihr Ziel. Man ist eher geneigt, sich durch „sanfte Gewalt" zu behaupten. Mut zeigt sich nicht so sehr in Kampfgeist und körperlicher Unerschrockenheit, sondern in der Zivilcourage, eine Forderung zu vertreten.

Nagelglied prall, rund und groß
Alle Energien steuern prompt und ohne Skrupel auf das Ziel los und mit unkontrollierten Antriebswünschen können sich diese Kräfte egoistisch und aggressiv zeigen – auch sexuell.

Nagelglied mit abgeflachter Spitze
Man hat einen bedachteren und liebenswürdigen Ich-Willen und kann sich zurücknehmen – auch sexuell. Mit zu viel Vorsicht und diplomatischer Rücksicht kann man aber die eigene Durchsetzung und Befriedigung verkümmern lassen – auch sexuell.

2.3 Fingerbeere oder abgeflachte Spitze?

Grundsätzlich gilt für alle Fingerkuppen:

Fingerbeere: Zielvorstellungen werden mit Kraft und unbedenklich durchgeführt.

Abgeflachte Spitze: Zielvorstellungen werden noch einmal überdacht und mit Sensibilität, gelegentlich auch mit Nervosität durchgesetzt. (Abb. 24b)

2.4 Die Fingerrillen – Was fordert unsere Kräfte, was blockiert sie?

Sie sehen in Ihrer Hand und in unserem Schema (Abb. 24c) in den Fingern etliche Längslinien laufen: viele dünne, wenige etwas deutlicher gezeichnete. Diese *senkrechten Rillen* unterstützen unsere Fingerglieder bei ihren geschilderten Aufgaben. Viele feine ebenso wie einige starke! Manche Fingerrillen laufen über alle drei Glieder – dann sind die Eigenschaften dieses Fingers besonders prägnant und sollten unbedingt genutzt werden!

Gelegentlich sehen Sie zwei oder drei *Querrillen,* die diese senkrechten Linien regelrecht durchstreichen. *Achtung bitte: Nicht mit den Gelenklinien verwechseln, die nur funktionell zum Beugen da sind und keine Aussage haben!* Querrillen auf den einzelnen Fingergliedern sind Hemmnisse, Blockaden, Hürden. Habe ich sie am *Grundglied,* also beim Start, kommen immer wieder schwerwiegende Gründe, etwas abzubrechen. Aber das sind Ausreden und Ausflüchte! „Ich kann die Abendschule nicht weitermachen, ich muss Geld verdienen und hab keine Zeit.", „Den Spanischkurs hätte ich so gerne besucht, aber ohne Auto ist der Weg zu weit – vielleicht nächstes Jahr.", „Das Baby meiner Tochter kostet mich so viel Zeit, da kann ich nicht noch im Kirchenbeirat arbeiten."

Auf dem *Mittelglied* zeigt eine Querrille oft den Abbruch einer Tätigkeit, ja eines Berufes – man erträgt den Chef, das Mobbing, die Atmosphäre nicht. Oder man will flüchten: Ausstieg aus Familie, Abbruch privater Bindungen.

Querrillen *in der Fingerkuppe:* Prüfungs- oder Examensängste, Zurückschrecken vor dem Risiko.

Ist ein Finger lang, groß und durchgehend rund, dann können wenige zarte Längsrillen seine Kräfte einschränken.

Ist ein Finger kurz, zart und dünn, werden viele und gut sichtbare Längsrillen seine Kräfte verstärken.

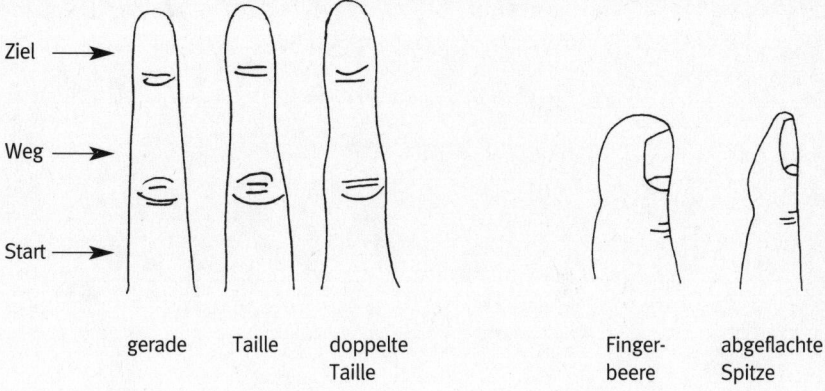

Ziel ➤

Weg ➤

Start ➤

gerade   Taille   doppelte
Taille

Finger-
beere

abgeflachte
Spitze

Abb. 24a: Fingerglieder und Taillen   **Abb. 24b: Fingerkuppen**

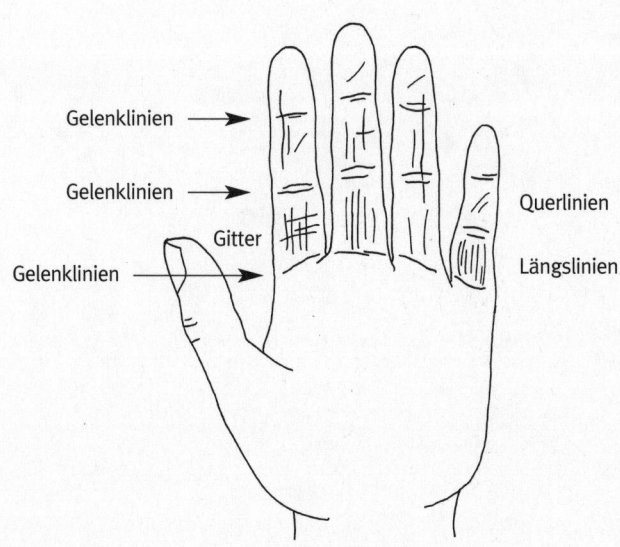

Gelenklinien ➤

Gelenklinien ➤

Gitter

Gelenklinien ➤

Querlinien

Längslinien

Abb. 24c: Fingerrillen

3. Erste Übung zu Arbeitsblock IV

Bilden Sie sich nun mit dieser Übung ein Urteil über Ihre Hände:

Fingerformen

	links:			rechts:		
	groß, rund	schlank	Taille	groß, rund	schlank	Taille
Jupiterfinger	☐	☐	☐	☐	☐	☐
Saturnfinger	☐	☐	☐	☐	☐	☐
Apollofinger	☐	☐	☐	☐	☐	☐
Merkurfinger	☐	☐	☐	☐	☐	☐
Daumen	☐	☐	☐	☐	☐	☐

Fingerrillen

	links:			rechts:		
	Start	Weg	Ziel	Start	Weg	Ziel
Jupiterfinger	☐	☐	☐	☐	☐	☐
Saturnfinger	☐	☐	☐	☐	☐	☐
Apollofinger	☐	☐	☐	☐	☐	☐
Merkurfinger	☐	☐	☐	☐	☐	☐
Daumen	☐	☐	☐	☐	☐	☐

4. Die Landschaft der Berge

Beim Betrachten Ihrer Innenhände erkennen Sie in der Landschaft des Handtellers deutlich verschiedene Berge. Manche gewölbt, einige flacher. Es gibt Handeigner mit sehr stark gewölbten Erhebungen, andere wiederum haben flachere Hügel. Wir wollen uns – auf der Ich-Seite der Hand beginnend – über diese Berge informieren. Was sagen sie aus, welche Kräfte symbolisieren sie? Machen Sie wieder eine leichte Kralle und drehen Sie die Hand hin und her – die kleinen Hügel des Handrumpfes werden dann deutlicher.

4.1 Der Venusberg

Der Daumenballen ist in vielen Händen der größte Berg – umrandet von der Lebenslinie. Bei den Impuls- und Energielinien sind wir ihm schon begegnet. Er wird der Venus zugeordnet. Venus bezauberte Götter und Menschenmänner. Sie verschenkte ihre Gefühle an den jungen Kriegsgott Mars, war aber auch Gattin des schmutzigen Schmieds Hephaistos-Vulkan, der in der Unterwelt über das Feuer gebot. Die Mythen zeigen in ihrer Gestalt die verschiedenen Bilder von Liebe, Lust und Leidenschaft, die auch wir in uns tragen. Der Daumenballen wurde als Symbol der Gefühle nach dieser Göttin Venusberg genannt (Abb. 25).

Wir sehen in seiner Fülle und Größe das Liebesvermögen der Handeigner, ihre Liebessehnsucht und -fähigkeit. Die Vitalis, die Lebenslinie, die ihn umschließt, zeigt schon an, dass dieses Gefühl für uns wichtig, ja überlebensnotwendig ist. In der starken Wölbung dieses Berges sehen wir aber nur das, was wir verströmen und geben können, also unsere eigene Fähigkeit zu lieben. Wir sehen nicht, wie und ob dieses Gefühl erwidert wird. Und jeder weiß, wie man unter unerfüllter und nicht erwiderter Liebe leiden kann.

Je größer, voller und dominanter in der Handinnenfläche die Wölbung des Berges ist, um so stärker sind seine Gefühlskräfte. Energie- und Antriebslinien (siehe S. 65 ff.) können zusätzlich aktivieren. Ist so ein *Venusberg eher flach, gestreckt,* schließt sich die Lebenslinie im Ich-Bereich eng um seinen Hügel, ist dies nicht etwa ein liebesarmer Mensch. Seine

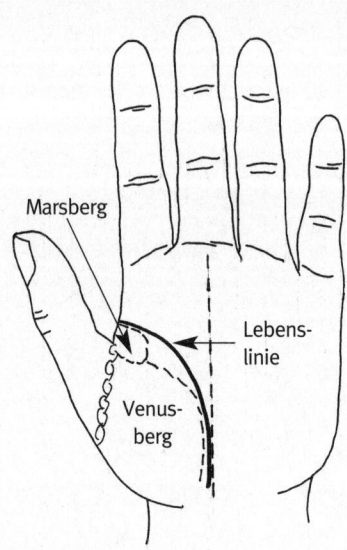

Abb. 25: Venus- und Marsberg

Gefühle sind vielleicht eher verhalten, drängen nicht so stark zum Du. Man braucht die Kräfte oft auch, um sich zu bewahren, im besten Sinne sich selbst zu mögen, anzunehmen und zu lieben.

4.2 Der Marsberg

Direkt über dem Venusberg können Sie den Marsberg erkennen (Abb. 25). Am besten, wenn Sie den Daumen eng an den Handrumpf anlegen. Es entsteht unter dem Ansatz der Lebens- und Kopflinie eine kleine Wölbung. Die aktiven Antriebs- und Willenskräfte des Daumens erhalten hier noch einmal eine Verstärkung, besonders wenn zusätzlich darüber Energielinien zur Vitalis ziehen. Ist dieser *Berg fest und deutlich sichtbar* ausgebildet, kann man hier starke Vitalkräfte erkennen.

Spreizen Sie nun bitte den Daumen ab: Es entsteht eine Fläche, ja eine Mulde. Da der Marsberg auch ein Anzeichen für Jähzorn, Starrköpfigkeit und Rechthaberei sein kann, bedeutet eine Mulde: Wut und Zorn verrauchen rasch, man nimmt alles eher mit Humor.

Findet sich bei der Spreizung keine Mulde, sondern immer noch ein schwacher Berg, kann die Streitlust lange anhalten. Im Volksmund nennt man so jemanden einen Prozesshansel. Eine praktische Erfahrung anderer Art hat sich oft bestätigt: Bei längeren Krankheiten oder großer Traurigkeit wird dieser Berg sichtbar schwächer und kann etwas zusammenfallen:

Rechts: Die Widerstands- und Genesungskräfte haben nachgelassen, sie sollten unbedingt aktiviert werden.

Links: Der innere Mut und der Impuls, sich nach Sorgen oder Krankheiten wieder aufzurichten, ist nicht mehr vorhanden. Da sollten Liebe und Tröstung neue Kraft zuführen.

4.3 Die vier Fingerberge

Unter dem Jupiterfinger befindet sich der Jupiterberg, unter dem Saturnfinger der Saturnberg, unter dem Apollofinger der Apolloberg und unter dem Merkurfinger befindet sich der Merkurberg. Erschrecken Sie nicht, wenn Sie nur drei Berge erkennen. Fast alle Hände haben einen Fingerberg, der sich mit einem anderen zusammengeschlossen hat.

Die vier Fingerberge teilen sich so auf:

Jupiterberg – Ich-Seite der Hand

Apollo- und Merkurberg – Du-Seite der Hand

Saturnberg – geht halb zur Ich-, halb zur Du-Seite. Zum Jupiterberg verschoben, verstärkt er die Ich-Seite. Zum Sonnenberg verschoben, verstärkt er die Du-Seite.

Die Fingerberge sind sozusagen der Energienachschub für die Kräfte, die die Finger symbolisieren. Oder das „Heizmaterial", das diese Kräfte anfacht und ihnen immer neue Nahrung zuführt. Mit diesem Bild wird klar: Wo viel Heizmaterial da ist, also Kraftreserven vorhanden sind, werden sich die Eigenschaften, die dieser Finger symbolisiert, stetig und gut entfalten können.

Können! Denn der Heizungsvorrat kann, aber muss nicht benutzt werden. Wo weniger Heizmaterial da ist (also Kraftreserven), darf die Eigenschaft, die dieser Finger symbolisiert, nicht über Gebühr beansprucht werden.

4.4 Der Jupiterberg

Der Jupiterberg liegt unterhalb des Zeigefingers. Er reicht bis zum Anfang der Kopf- und Lebenslinie, oft mündet die Herzlinie in ihn ein (Abb. 26). *Der große und gut gewölbte Jupiterberg* führt der Eigenentfaltung und Selbstverwirklichung immer wieder Kräfte zu. *Ist der Finger gerade und stark,* sollte man alle Möglichkeiten auf diesem Gebiet in Anspruch nehmen.

Kleinerer, flacher Jupiterberg bei großem und geradem Finger: Nicht überfordern! Sich nicht zu viel zumuten! Man muss nicht immer und um jeden Preis der Erste sein!

Kleiner, flacher Berg bei kleinem, schlanken Finger: Gebremster Ehrgeiz und eine gewisse Selbstbescheidung wären anzuraten. Man kann auch viel bewirken, ohne selbst im Rampenlicht zu stehen.

Großer Berg bei kleinem, schlanken Finger: Mehr Zutrauen zu sich selbst! Man könnte mehr erreichen und sich profilieren. Ist man vielleicht doch zu bequem? Nicht nur davon reden, wie man Tore schießt, sondern selbst kicken!

Die folgenden drei Fingerberge liegen oberhalb der schon bekannten Herzlinie!

4.5 Der Saturnberg

Statt des Berges haben die meisten Handeigner unterhalb des Fingeransatzes eine Mulde oder eine ebene Fläche. Deutlich verschoben ist die Wölbung entweder zum Jupiter- oder zum Apolloberg hin.

Berg zum Jupiter: Die Nachschubkräfte für die Lebensaufgaben und die Pflichten, die mit der Erfüllung des Lebenssinns einhergehen, dienen vorwiegend zum Aufbau der eigenen Entfaltung. Für etliche Berufe wie Forscher und Erfinder ist dies notwendig. Für Politiker ist diese Verschiebung weniger günstig und man findet sie bei ihnen auch nur selten.

Berg zum Apollo: Die Nachschubkräfte für die Pflicht und die Verantwortung gehen hinüber zum Sonnenberg, wo sie als Mit-Reserven für die Du-Aufgaben genutzt werden können. Hier findet man viel „Hei-

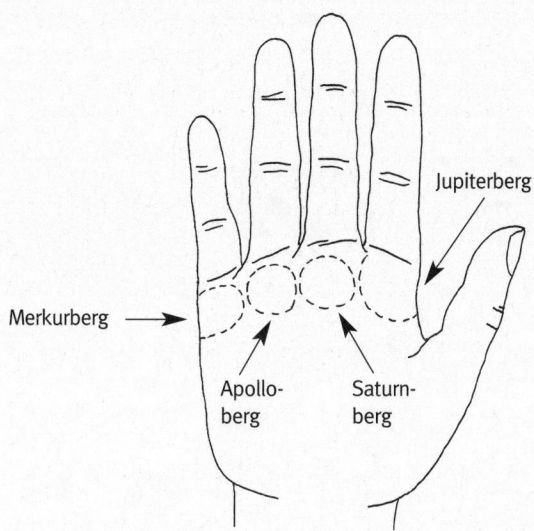

Abb. 26: Die vier Fingerberge: Jupiterberg, Saturnberg, Apolloberg, Merkurberg

zungsvorrat" für Idealismus, für Künste und Geisteswissenschaften bis ins hohe Alter.

Saturnberg direkt unter dem Saturnfinger (Abb. 26): Das kommt nur selten vor. Das Kreuz, das man tragen muss; Ernst, Strenge, auch Kargheit gegen sich selbst. Kann immer wieder großen Einsatz fordern. Man kann Unglaubliches leisten. Es könnte aber vielleicht Einsamkeit hervorrufen und Freuden einschränken.

4.6 Der Apolloberg

Auch der Apolloberg kann sich mit den Nachbarbergen verbinden und unter dem Finger selbst eine Mulde hinterlassen.

Apolloberg verschiebt sich zum Saturnberg: (siehe Saturnberg verschiebt sich zu Apolloberg)

Apolloberg verschiebt sich zum Merkurberg: (siehe unter Merkurberg)

Apolloberg unter dem Apollofinger (Abb. 26): Hier verstärken die Nachschubkräfte die Eigenschaften dieses Fingers. Künstler entwickeln sich meist bis ins hohe Alter. Alle musischen Tätigkeiten und Hobbys – Musik, Literatur, Malerei usw. – wirken befruchtend und bereichernd auf den Handeigner ein. Geisteswissenschaften und Religion oder Esoterik bleiben wesentliche Lebensinhalte. Und in der Du-Hinwendung als tätige Pflege und Liebe, Fürsorge und soziale Hilfsbereitschaft ist für Heim und Umwelt immer Zeit, sogar Opferbereitschaft vorhanden.

4.7 Der Merkurberg

Der Merkurberg ist neben dem Jupiterberg der markanteste der Fingerberge. Da er ganz auf der Du-Seite liegt, muss er seine Eigenschaften immer auch für ein Du einsetzen (Abb. 26).

Merkurberg rund, gewölbt und deutlich sichtbar unter kräftigem großen Merkurfinger: Hier sind beträchtliche Kraftreserven für die praktische Alltagsbewältigung zu finden! Das Kommunizieren, Handeln und Organisieren führen so einem Finger immer neue Impulse zu. Reden und Verhandeln sollte man lebhaft betreiben, meist ist auch der Wunsch nach Gedächtnistraining vorhanden – und der muss sich nicht nur auf das Lösen von Kreuzworträtseln beschränken! In Wort und Schrift kann man sich gut ausdrücken. Es entscheiden das Niveau und der Lerneifer des Handeigners, ob sich aus diesen Anlagen geschwätzige, auch boshafte Klatschsucht entwickelt oder beredte Überzeugungskraft, ja Lehrtätigkeit in Gruppen, Vereinen und Parteien.

Gewölbter großer Merkurberg unter kleinem zarten Merkurfinger: Absolute Chancen, Hemmungen und Schüchternheit zu überwinden. Der „Heizungsvorrat" gibt Fleiß, Eifer und Elan. Rede- und Schreibtraining stärken die Du-Hinwendung. Nicht durch anfängliche Blockaden entmutigen lassen!

Merkurberg schwach, flach, nicht sehr ausgeprägt: Selbstüberschätzung und Überforderung in der Bewältigung des Alltags können immer wieder wehtun und enttäuschen – ganz besonders, wenn ein langer Merkurfinger mehr verspricht.

Bei kleinem Berg und kurzem Finger hat man auf diesen Gebieten kaum Ehrgeiz, man will nicht im Vordergrund stehen und in Wortgefechten brillieren. Lieber hört man unauffällig und stillvergnügt zu.

Für alle Fingerberge gilt: Bei senkrechten Linien auf den Bergen verstärken sich die jeweiligen symbolischen Fingerkräfte! (siehe auch unter Nebenlinien)

4.8 Plutoberg, Mondberg, Uranusberg, Neptunbereich

Diese drei Berge liegen unterhalb der Herzlinie, an der Handkante und auf der Du-Seite. Sie bilden in fast allen Händen eine einzige mehr oder minder gewölbte Fläche, die bis zur Handwurzel reicht. Die einzelnen Begrenzungen der Berge müssen Sie vornehmen, mit dem Auge sind Erhebungen in der Hand meist nicht zu sehen.

4.8.1 Der Plutoberg

Er liegt direkt unterhalb der Herzlinie (Abb. 27). Wenn Sie Ihre Kopflinie im Geiste etwas verlängern, so orten Sie den Plutoberg immer oberhalb dieser Grenze. In fast allen Händen ist er glatt und fällt nicht auf, er geht nahtlos in den Mondberg ein und erwacht nur zum Leben, wenn eine Linie in ihn einmündet. Das kann ein Zweig der Sonnen-, Merkur- oder Kopflinie sein. Pluto war der Gott der Unterwelt, der über unermessliche Schätze verfügte – Gold, Erz und Edelsteine der Berge.

Für die Esoteriker symbolisiert Pluto Macht und Masse: Dämonische oder zerstörerische Macht über Menschen, aber auch die charismatische Macht, Menschen zu führen, zu bekehren, zu erlösen. In vielen Büchern wird der Plutoberg auch „großer Marsberg" genannt. Die aktive Kampf- und Siegesbereitschaft des Gottes Mars ist offen, sichtbar auf der Ich-Seite der Hand. Man benennt diese Kraft auch den „hellen Trieb". Die Machtherrschaft, der Durchsetzungswille des Gottes Pluto geht hinüber auf das Du, auf die Masse. So nennt man seine Kraft auch den „dunklen Trieb". Seine Wirkung kann auch dämonisch sein – positiv wie negativ. Dämonische Kräfte können eine Menschenmasse zu umwälzenden schöpferischen Aufgaben bewegen. Sie können sie aber auch zerstören.

Manche Religions- und Revolutionsführer besaßen und besitzen dämonische Kräfte. Bei uns normalen Menschen ist der Plutoberg eher eine mögliche Reserve für die Eigendurchsetzung. An den Nebenlinien sehen Sie, ob er vielleicht in Ihrer Hand solche Machtwünsche aufzeigt.

4.8.2 Der Mondberg

Der Mondberg wird unserem zweiten hellen Himmelsgestirn zugeordnet. Symbolisiert die Sonne das strahlende Licht, das unser Herz erwärmt, so ist der Mond das Symbol für den sanften Glanz in unserem Innern, für unsere Seele, unser Gemüt. In den Mythen gab es – seiner wechselnden Gestalt zugeordnet – drei Mondgöttinnen. Aber das Bild unseres Gestirns am Himmel ist für uns anschaulicher: Der Mond nimmt zu, wird voll, nimmt ab, verschwindet, um nach drei Tagen wiederzukehren. So war er auch das Hoffnungsbild für die Auferstehung, für die Unsterblichkeit der Seele.

Ganz auf der Du-Seite der Hand ist seine Wölbung und seine Größe gibt Aufschluss über die Verteilung unserer Gaben (Abb. 27).

Mondberg groß, rund, mit sichtbarer Ausbuchtung auf der Handkante: Starke seelische Offenheit für alles, was uns das Du entgegenbringt: Man kann zuhören und aufnehmen. Die Seele versteht die Kümmernisse und Ängste der anderen. Sie trägt die Sorgen mit und kann trösten – oft nur durch Dasein und Stille. Man spürt Mütterlichkeit – bei Frauen und Männern! Kann so ein Handeigner auch gut reden oder schreiben, ist ihm eine große Dankbarkeit zahlreicher Menschen, die in Nöten sind, sicher. Man ist für andere immer ein „Beichtvater", sollte aber Acht geben, dass man nicht zum seelischen Müllabladeplatz wird!

Linien auf dem Mondberg bewegen zusätzlich seine Aktivität – für Träume oder eine lebhafte Fantasie (siehe Nebenlinien).

Mondberg flach mit gerader Handkante, nicht sehr gewölbt: Diese Handeigner haben natürlich auch eine Seele. Aber ihre Hauptkräfte liegen sicherlich nicht so sehr im Zuhören und Erahnen, im Aufnehmen und Trösten. Sie begegnen den Menschen mit anderen Gaben und Fähigkeiten.

Beachten Sie bitte einen wichtigen Unterschied: Das Liebesvermögen, die Liebesfähigkeit, das Gefühl sind im Venusberg zu sehen. „Ich liebe einen Menschen, auch wenn er nicht gut zu mir ist, mir wehtut oder mich kränkt. Ich liebe ihn mit allen Fasern meines Gefühls."

Das Gemüt und die Seele, Stimmungen und Launen symbolisiert der Mondberg. „Meine Seele findet Trost und Hilfe. Alle meine inneren Schwingungen erhalten ein Echo. Dankbarkeit bewegt mich. Aber ich

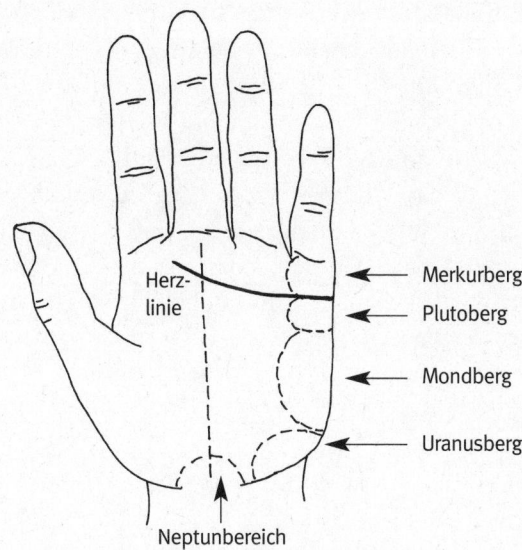

Abb. 27: Plutoberg, Mondberg, Uranusberg, Neptunbereich

muss diesen Menschen, der mir das schenkt, nicht lieben." Nehmen Sie also für den Venusberg die Worte Liebe und Gefühl. Nehmen Sie für den Mondberg die Worte Gemüt und Seele. Die Ich-Seite drängt mehr zum Eigengenuss, die Du-Seite kann sich im Du verlieren.

Ein Berg in der Hand ist meist stärker. Trifft *beides* zusammen, sollte man dieses Geschenk nicht verkümmern lassen!

4.8.3 Der Uranusberg

Der Uranusberg schließt dicht an den Mondberg an (Abb. 27). Selten ist er ein kleiner gewölbter Hügel, häufiger flach und unauffällig, manchmal sogar eine Mulde an der unteren Außenkante der Hand, direkt über den Raszetten (siehe S. 135 ff.).

Uranus war einer der alten Titanen. Er war ein ziemliches Ungeheuer, das Riesen und Zyklopen zeugte, weshalb er von seinem Sohn Saturn entmannt wurde, damit sich dieses wilde Geschlecht nicht weiter vermehre. Er hat also eine vor-mythologische Geschichte und gehört nicht in den olympischen Götterhimmel.

Als nach den uralten sieben Planeten 1781 ein neuer Planet am Himmel entdeckt wurde, nannte man ihn Uranus und setzte damit die mythologische Namensreihe fort. In der Esoterik ordnet man Uranus die Intuition zu.

Diese Möglichkeiten müssen wir auch symbolisch auf dem Handberg suchen. Das Neue, das Überraschende kann natürlich verwirren, die Umwelt muss es erst einmal annehmen. So hieß diese Wölbung in alten Büchern „Berg der Hysterie" – recht treffend formuliert. Die Intuition ist eng mit dem Gedanklichen verbunden. Erst wenn ich viel und intensiv über ein Problem nachgedacht habe, kann eine Intuition mir plötzlich die Lösung aufzeigen, sodass es mir wie Schuppen von den Augen fällt.

Uranusberg erhöht und sichtbar, ohne Linien: Die Einfallskraft scheint als Möglichkeit vorhanden zu sein. Sie ist aber noch nicht durch Linien belebt und aktiviert.

Uranusberg erhöht mit einer oder mehreren Linien oder Zweigen: Hier ist die Intuition sehr angeregt. Sie wird verstärkt durch die Linien, die auf den Berg münden: Zweige der Kopf- oder Merkurlinie, Schicksals- oder Uranuslinie, selten Apollolinie. Besitzt der Handeigner eine Uranuslinie, die aus dem Berg aufsteigt, werden Umschwünge sein Leben bestimmen. Da dieser Berg ganz auf der Du-Seite liegt, ist die Umwelt immer betroffen.

Links: Wie sich der Handeigner in seiner Einstellung, seinen Ansichten wandelt: von „Der spinnt ja!" bis zu „Der ist einfach genial."

Rechts: Wie er von heute auf morgen neue Entschlüsse fasst, Entscheidungen verkündet, die alle überraschen, nicht selten auch ihn selbst: von „Unberechenbar! Nie weiß man, was er will!" bis zu „Wahnsinnsideen – aber gut!"

4.8.4 Der Neptunbereich

Der Neptunbereich liegt genau in der Mitte der Handfläche, ganz unten über den Raszetten. Da er statt einer Wölbung fast immer eine Mulde, einen leichten Einschnitt darstellt, ist der Ausdruck „Bereich" besser. Er teilt seine Kräfte für die Ich-Seite zum Venusberg, für die Du-Seite zum Uranusberg (Abb. 27).

Auch Neptun war ein Gott der Urmythen. Ihm war das Reich der Ozeane, das Wasser zugeteilt, so wie Jupiter der Himmel und der Olymp und Pluto das Erdreich und die Feuer der Unterwelt. Der Planet, der seinen Namen trägt, wurde wie auch Pluto und Uranus erst in neuerer Zeit entdeckt (1846 von Galle). Der Götternamentradition folgend nannte man ihn Neptun.

Wie das Zerfließende des Wassers, nebulös, nicht greifbar, ohne Konturen – eine tiefe, geheimnisvolle Urkraft, so wurde die Gabe des Instinkts bezeichnet. Instinkt weckt animalische Urkräfte: Die kollektiven Sehnsüchte Heimat – Vaterland – Erbe – Tradition sind hier zu finden. Der Bereich wird außerdem sehr bedeutsam, wenn er eine starke Mutter- oder Elternbindung anzeigt: Ein Nicht-loslassen-Wollen oder ein Umklammern. Neptun symbolisiert Spürsinn für und Witterung von Gefahren, aber auch unerklärliche Ängste. Wir bezeichnen alle diese Regungen als unseren Instinkt, der uns führen, aber auch verführen kann.

Nicht zu Unrecht hat man in diesem Bereich auch die Verblendungen durch Sucht gesehen – Sehnsucht und Sucht liegen nahe beieinander. Beide sind mit dem Verstand nicht zu begreifen. Dieser Ursprungsort in der tiefsten Stelle der Hand, an ihrer Wurzel, zeigt, wohin wir uns entwickeln sollen: Aus dem animalischen Instinkt zum Gefühl (Venusberg) und zu den Einfällen für ein Du (Uranusberg). *Keineswegs zeigt diese Grube übersinnliche Kräfte und Hellsichtigkeit an, wie so viele gerne hören möchten.* Diese sollen durch einen Kreis in der Mitte aufgezeigt werden. Ich habe einen solchen jedoch noch nie gesehen.

Entscheidend ist, welche Zweige und Linien in den Neptunbereich münden oder von ihm ausgehen! Dies könnten sein: vor allem die Schicksalslinie, auch die Merkur- oder Uranuslinien. Wessen Bereich glatt und ohne Linien ist, braucht sich nicht betrüben. Man kommt mit allen anderen Kräften genauso gut durchs Leben!

Beachten Sie bitte: Uranusberg und Uranuslinien: Die Einfälle, die Intuition kommen über das Denken und die Verstandeskraft.

Neptunbereich und Neptunlinien: Die instinktive Reaktion, die Inspiration und der Spürsinn für Menschen, Gefahren oder innere Eingebungen kommen aus dem Unbewussten, aus dem Bauch.

Links: Alles spielt sich mehr im Innern ab, in Träumen, Ängsten, Ahnungen oder Ideen.

Rechts: Die Reaktion der Umwelt auf unsere Eingebungen und Ahnungen ist immer Überraschung, Unverständnis oder Bewunderung.

4.9 Zusammenfassung

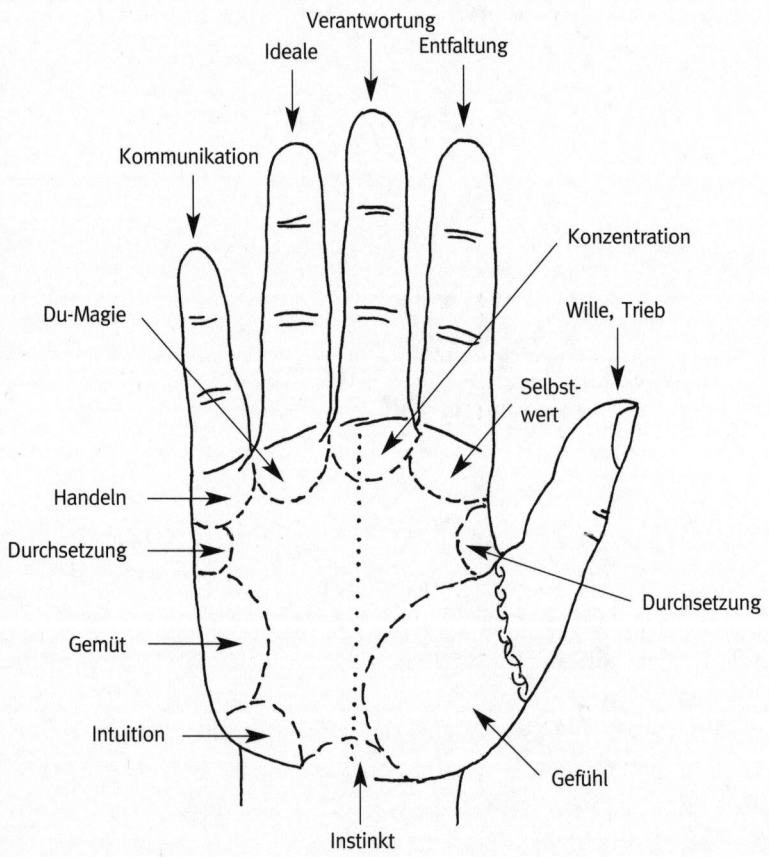

Abb. 28: Finger und Berge

Wie Sie sich Finger und Berge mit einem Stichwort merken (Abb. 28):

Ich-Seite	Du-Seite
Gefühl	Ideale
Wille/Trieb	Du-Magie
Durchsetzung	Kommunikation
Selbstwert	Handeln
Entfaltung	Durchsetzung
	Gemüt
	Intuition

Verantwortung und Konzentration sowie der Instinkt fallen in beide Bereiche.

5. Zweite Übung zu Arbeitsblock IV

Die Landschaft der Berge

	links:			rechts:		
	groß, rund	flach	ver- schoben	groß, rund	flach	ver- schoben
Venusberg	☐	☐	☐	☐	☐	☐
Marsberg	☐	☐	☐	☐	☐	☐
Jupiterberg	☐	☐	☐	☐	☐	☐
Saturnberg	☐	☐	☐	☐	☐	☐
Apolloberg	☐	☐	☐	☐	☐	☐
Merkurberg	☐	☐	☐	☐	☐	☐
Plutoberg	☐	☐	☐	☐	☐	☐
Mondberg	☐	☐	☐	☐	☐	☐
Uranusberg	☐	☐	☐	☐	☐	☐
Neptunberg	☐	☐	☐	☐	☐	☐

Auf Seite 100 und 101 können Sie die Berge in Ihren Händen in ihrer individuellen Größe und Lage einzeichnen.

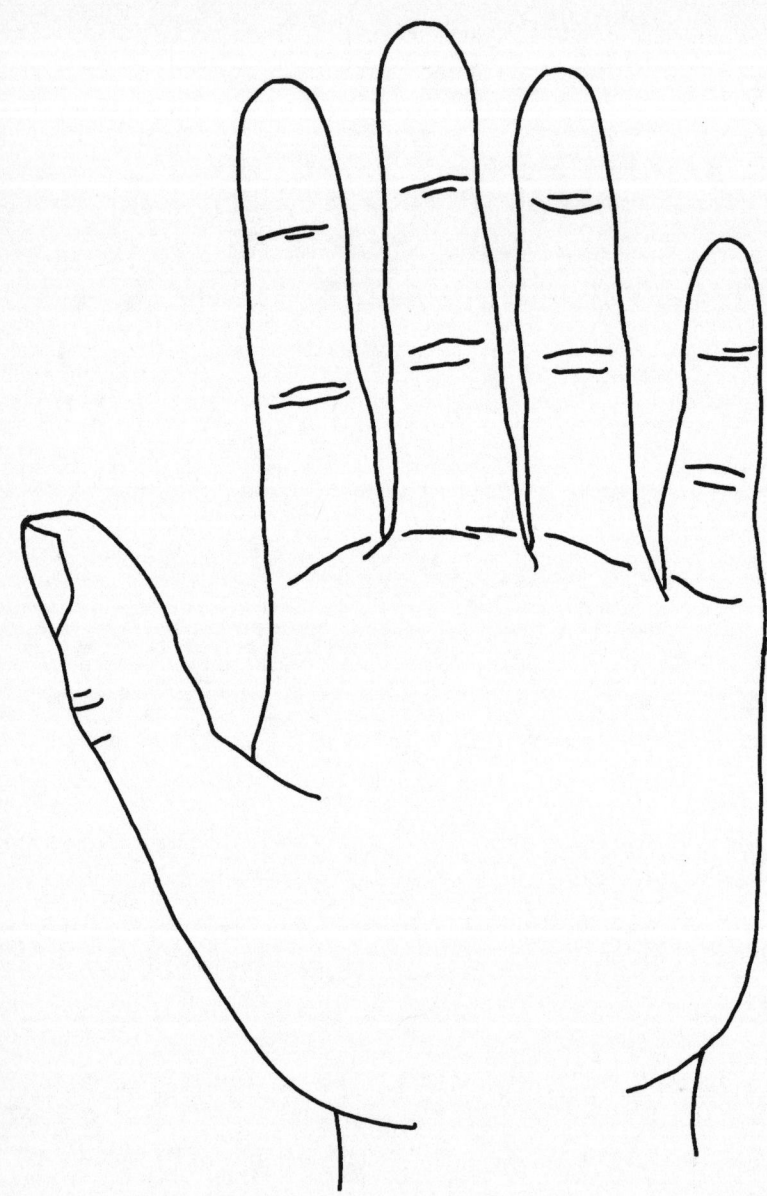

Abb. 29a: Die Berge in meiner linken Hand

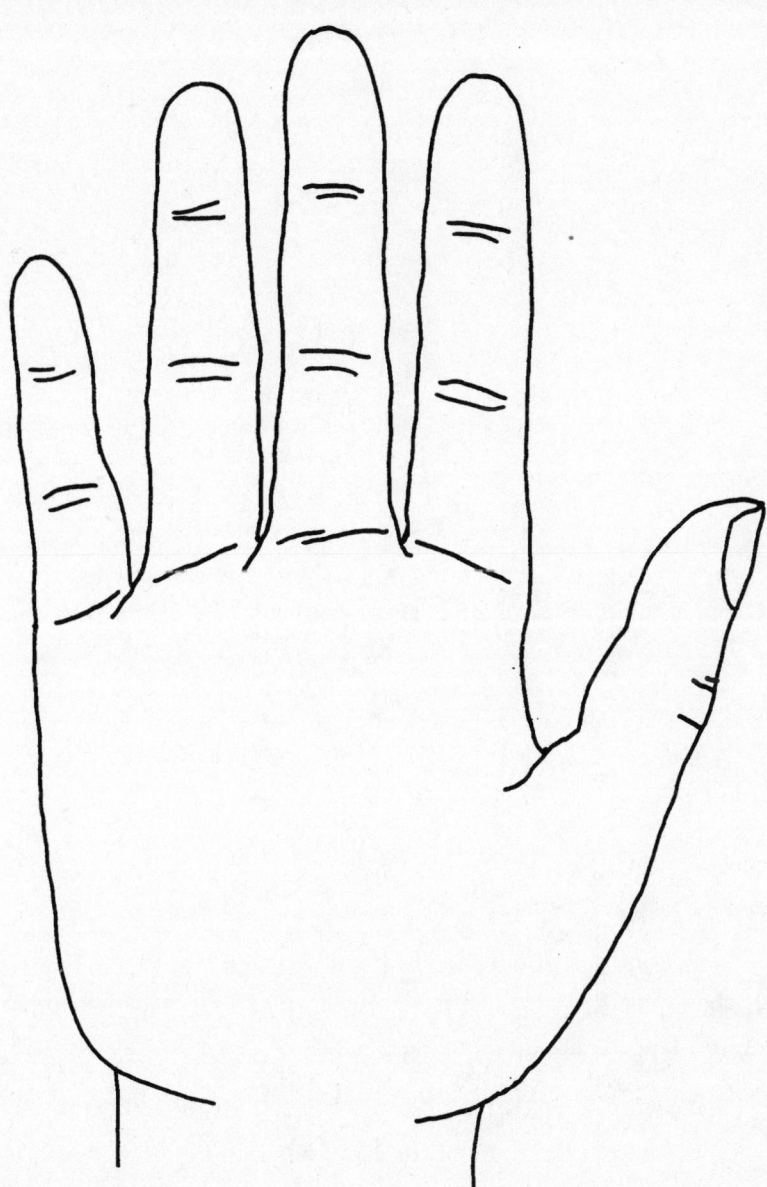

Abb. 29b: Die Berge in meiner rechten Hand

Arbeitsblock V

1. Nebenlinien

Die folgenden Nebenlinien können in beiden Händen oder in nur einer Hand vorhanden sein. Manche sind nur bruchstückartig, andere gar nicht zu finden. Wenn eine Linie fehlt, fangen die anderen Kräfte diese Eigenschaften auf. Man ist deshalb nicht etwa von der Natur benachteiligt.

Bitte beachten Sie: Wichtig bei den Nebenlinien ist ihr Anfang und ihr Ende. Wo beginnt so eine Linie? Auf einer anderen Linie? Wohin mündet sie? In einen Berg? In eine andere Linie? Welche Linie kreuzt sie?

All diese Punkte sind sehr aussagekräftig, weil sie verschiedene Eigenschaften miteinander verbinden. Kreuzt etwa die Schicksalslinie die Herzlinie und die Kopflinie und endet sie im Uranusberg? Bleibt die Merkurlinie im Merkurberg und endet hier? Reichen mehrere Sonnenlinien genau bis zur Kopflinie? Die Punkte beeinflussen sich immer mit den dazugehörigen Kräften und färben die Aussage der Linien.

1.1 Die Schicksalslinie (Saturnalis)

Die Schicksalslinie verläuft etwa in der Mitte der Hand, ist jedoch in vielen Händen nicht vorhanden! Diese Handeigner haben natürlich auch ein Schicksal, aber oft tragen sie nicht so schwer daran wie Menschen mit langer und ausgeprägter Saturnalis. Auf einen Streitpunkt sei gleich aufmerksam gemacht. In vielen Büchern liest man: Die Saturnlinie entspringt auf dem Saturnberg. Das erscheint durchaus logisch, da die anderen Linien wie Sonnen- und Merkurlinie auch von den Fingerbergen abwärts laufen. Andere Bücher wiederum verweisen auf den Ursprung dieser Linie aus dem Neptunbereich, dem Instinkt, dem Urgrund. Der Streit und die Argumente pro und kontra sind jedoch müßig. Wichtig sind die Bereiche, die diese Linie durchläuft, und mit welchen Kräften – also Polen – sie sich verbindet.

Wir sehen in der Saturnalis die Verantwortungsintensität symbolisiert. Die Verantwortung fällt manchen Menschen schwer und lastet auf ihren Schultern. Manche empfinden sie als durchaus tragbar – und andere spüren kaum etwas davon.

Sehr ausgeprägte Saturnlinien verleiten dazu, das eigene Schicksal als Mittelpunkt zu sehen: „So schwer, wie ich es habe ..." Damit gekoppelt ist oft die Angst, dies zu bewältigen. Die Aufgabe solcher Handeigner besteht darin, Mut zu zeigen und die Angst zu überwinden.

1.1.1 Die Länge der Saturnlinie

Saturnlinie mündet in den Neptunbereich (Abb. 30a)

Die „klassische" lange Saturnalis reicht durchgehend vom Saturnberg bis zum Neptunbereich. Sie verbindet also schicksalhaft die Verantwortung und Aufgabe des Lebens mit den Urkräften, mit Tradition und starker Familien- oder Heimatbindung. Man empfindet sich vielleicht auch noch immer wie durch die Nabelschnur mit Kindern verbunden und hat Ängste, diese loszulassen. Hat der Handeigner keine solchen Bindungen, kann man sehr im Instinkt verwurzelt sein.

Vorsicht vor Selbsttäuschung und unklaren Ängsten. Der Weg zum Du-Bereich könnte dadurch blockiert werden. Aber ein Fluss verbindet auch stets zwei Ufer! Wenn man ihn durchquert – vom Ich zum Du hinüber – und kein vorsichtiges Abwarten oder gar Misstrauen zulässt, erfährt man mit Sicherheit mehr Bereicherung als Rückschläge und Enttäuschungen.

Saturnlinie mündet in den Uranusberg (Abb. 30b)

Hier wird das eigene Schicksal mit Einfällen, oft mit Wagemut angegangen. Partner werden mitgerissen, das kann äußerst belebend sein, da der Berg der Intuition aktiviert wird. Man muss darauf achten, dass man bei Misserfolgen das Du nicht für das eigene Schicksal verantwortlich macht und ihm Lasten aufbürdet. Es sind nicht immer „die anderen" schuld!

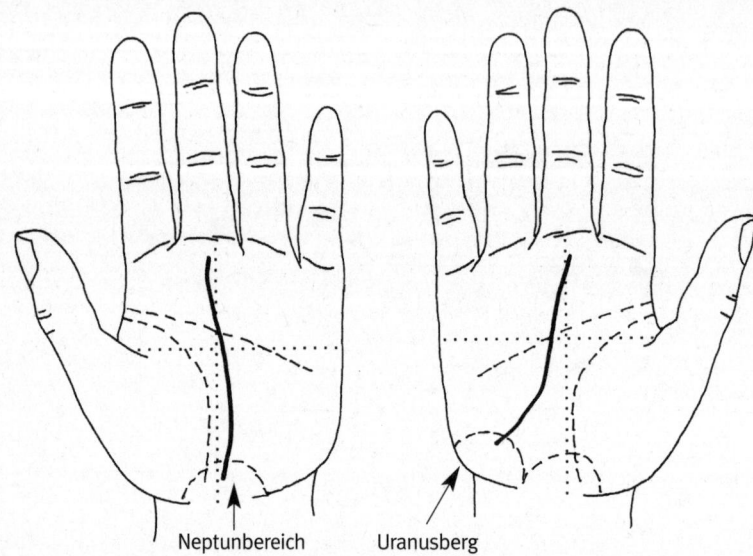

Neptunbereich Uranusberg

a) Saturnlinie mündet in den Neptunbereich b) Saturnlinie mündet in den Uranusberg

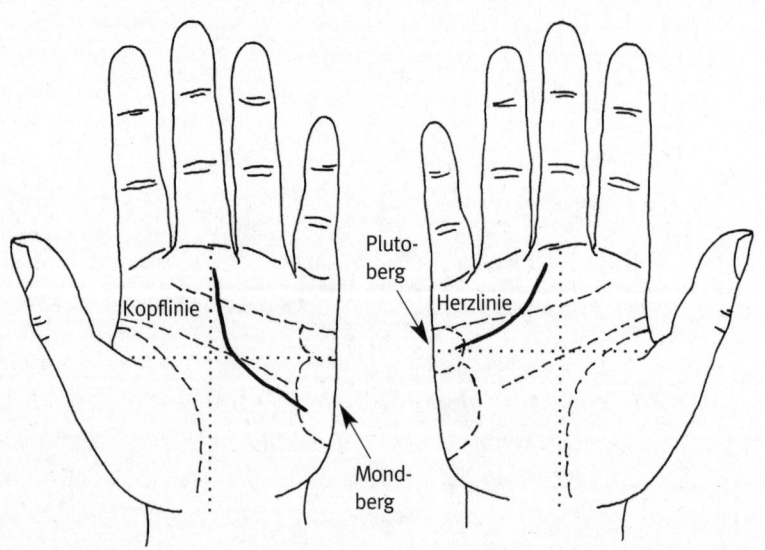

Pluto-
berg

Kopflinie Herzlinie

Mond-
berg

c) Saturnlinie mündet in den Mondberg d) Saturnlinie mündet in den Plutoberg

Abb. 30: Länge der Saturnlinien

Saturnlinie mündet in den Mondberg (Abb. 30c)

Die Seele wird in den Schicksalsablauf einbezogen und ganz auf die Du-Seite hin projiziert. Die Saturnalis steht aber auch für die Angst in uns – so hat man dieser Linie die Prüfungs- und Bewährungsängste zugeschrieben. Oft äußert sich das in dem Gefühl, von der Umwelt dauernd geprüft und gemessen zu werden, mit dem Ergebnis: „gewogen und zu leicht befunden". Aber diese Angst kann und muss man überwinden lernen, um so befreiender ist es dann für die Seele, dass man mit den kreativen Kräften des Gemüts eine Aufgabe bewältigte. Man begreift das Schicksal mit der Seele – und das ist eine große Gabe. Da diese Linie fast immer die Kopflinie kreuzt, kann man gute Impulse von der Verstandesintensität mitverarbeiten.

Saturnlinie mündet in den Plutoberg (Abb. 30d)

Selten sieht man diesen Linienverlauf, der für Durchsetzung, Machtgefühl, Autorität als Schicksalsaufgabe des Handeignerssteht. Das kann man als eine bedeutende Führungskraft nutzen, da der Plutoberg erst durch diese Saturnalis zum Leben erweckt wird. Man trägt die Aufgaben und meistert sie. Hier sollten unbedingt Apollolinien, Venus- und Mondberg dazu befragt werden, ob aus dem Führenden kein Demagoge wird! Man hüte sich davor, kleinliche Rechthaberei und Schikane als Haus- und Bürotyrann als Lebensinhalt anzusehen!

1.1.2 Kurze und Teil-Saturnlinien

Saturnlinie endet an der Herzlinie
oder kurz darunter (Abb. 31a)

Statt einer einzelnen können es auch zwei oder drei kurze Linien sein. Das Schicksal wird nur mit Emotionen aufgenommen – der Verstand begreift es nicht. Wie man die Lebensphasen gerade empfindet, kann stark schwanken: angst- oder lustvoll. Sie zu erklären oder einen Sinn darin zu sehen, fällt schwer. Partnerbegegnungen oder Ereignisse werden als vollkommen „schicksalhaft-karmisch" angesehen.

Saturnlinie endet an der Kopflinie
oder kurz darunter (Abb. 31b)

Diese Saturnalis hat zwei wichtige Kreuzungspunkte: Die Herz- und die Kopflinie. Sie bleibt also im oberen Handbereich, geht weder zur Intuition noch zum Instinkt, auch nicht zum Mondberg. Dieser Handeigner wird das, was ihm schicksalhaft widerfährt, mit Emotionen und Verstandeskräften aufnehmen und verarbeiten. Das kann er sehr gut, wenn auch diese beiden so verschiedenen Pole „Hü" und „Hott" sagen. Da aber die Bereiche des Unterbewussten nicht irritieren, kommt man mit so einer „halbierten" Saturnalis gut zurecht.

Saturnlinie beginnt an der Kopflinie (Abb. 31c)

Hier kommt die Saturnalis im unteren Handbereich zum Tragen. Die Bewältigung des Schicksals sollte auch die Denk- und Verstandeskräfte stark einbinden. Endet ein Zweig in der Merkurlinie, werden praktische Überlegungen und Entscheidungen vorrangig sein. Der Kopf wird auf diesem Weg auch alles erklären und begreifen. Partner, die ein ganz anderes Lebensgefühl haben, müssen das akzeptieren!

Saturnlinie mit Gabel in den Neptunbereich (Abb. 31d)

Verstand und Instinkt sollten sich nicht blockieren, so gegensätzlich sie sind. Beide sind bei der Bewältigung des Schicksals zuzulassen und zu befragen. Verstand und Inspiration halten sich die Waage. Das kann zu großer innerer Erleuchtung beitragen. Sollte allerdings bei so einem Handeigner der Neptunbereich starke Urängste (klammerndes Festhalten an Kindern, Heimat- und Traditionsdenken, konservativen Moralvorstellungen etc.) anzeigen, kann die Verstandesintensität ein Ausufern vermeiden helfen.

1.1.3 Seltene Saturnlinien

Saturnlinie mündet in die Lebenslinie (Abb. 32a)

Diese Saturnalis bleibt völlig im Ich-Bereich und ist in die Lebenslinie eingebunden, ja mit dieser verkettet. Man bleibt am liebsten beschützt und behütet im Elternhaus. Der Sprung zum Du, zu einem Partner wird

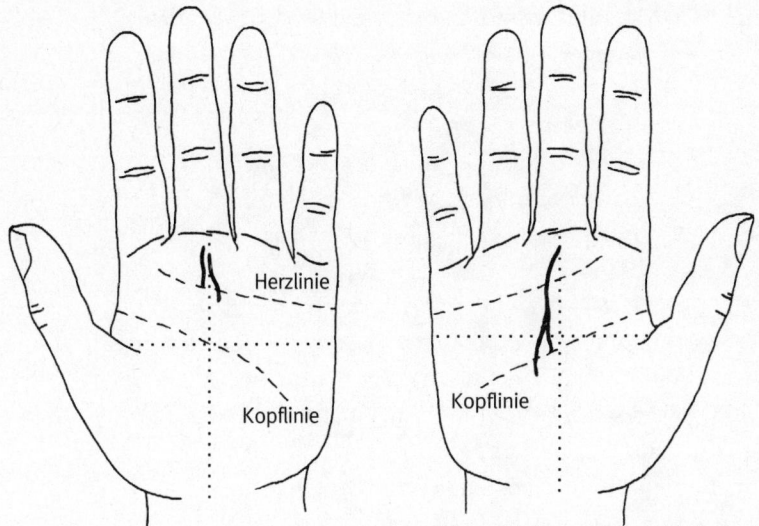

a) Saturnlinie endet an der Herzlinie   b) Saturnlinie endet an der Kopflinie

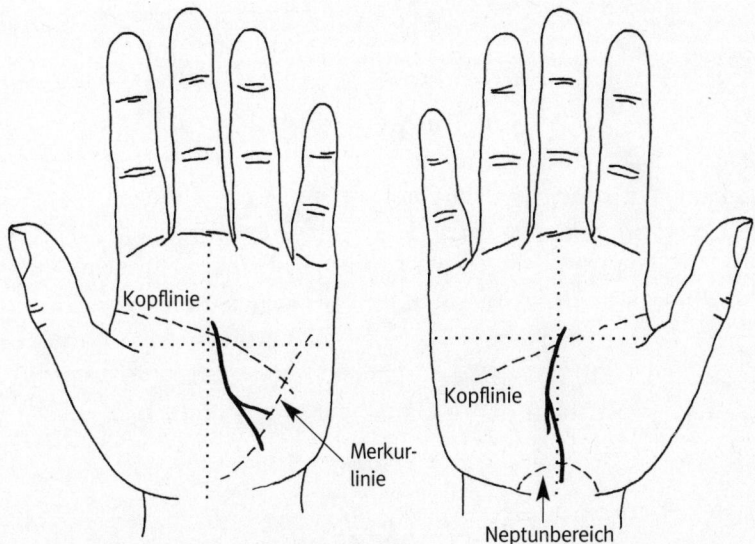

c) Saturnlinie beginnt an der Kopflinie   d) Saturnlinie endet im Neptunbereich

Abb. 31: Kurze und Teil-Saturnlinien

vermieden. Umzug, Ortswechsel, eine fremde Heimat oder Nationalität erschrecken. Man fühlt sich wohl im Nest. Hier findet man häufig die pflegende Tochter im Elternhaus, den erwachsenen Sohn, der – unverheiratet – bei der Mutter lebt.

Was der Umwelt oft als bewunderns- oder bedauernswertes Opfer erscheint – Fehlanzeige! Die Handeigner fühlen sich in diesen Rollen pudelwohl, auch wenn sie es vielleicht nicht zugeben.

Unterbrochene Saturnlinien (Abb. 32b)

Eine Saturnalis ist nur in abgesetzten, kleinen Teilstücken sichtbar. Hier ist unbedingt zu vergleichen, wie sie in der anderen Hand verläuft! Das Schicksal wird schubweise stark empfunden – besonders, wenn eine Verdoppelung die Herz- oder Kopflinie kreuzt. Da wird man mitunter von heftigen Emotionen oder schweren Entschlüssen gebeutelt. Dann folgen wieder Zeiten wie diese: „Was war in den zwei Jahren eigentlich los? Alles ging so glatt und so schnell vorbei ... ich weiß es gar nicht mehr." Es wäre für solche Handeigner gut, sich zu konzentrieren und sich ab und zu selbst über ihr Schicksal Rechenschaft abzulegen. Denn neue Ansätze gibt es immer wieder!

Zittrige Saturnlinien (Abb. 32c und d)

Eine sich schlängelnde Saturnalis verrät, dass man sich recht gerne und auch recht gut um schwierige oder unangenehme Situationen herumdrückt oder ihnen ausweicht.

Stellung zu beziehen, lässt man lieber bleiben – wenn es nicht unbedingt sein muss. Oft ist so eine Saturnalis streckenweise ein Bündel feiner Striche: eine gewisse nervöse Angst allen ungewohnten Situationen gegenüber. Man findet schwer zu seiner Mitte, zu Lebenssinn und -aufgabe. Aber meist sucht man sie auch gar nicht – und man vermisst sie selten!

Beachten Sie bitte: Die Saturnlinie ist fast immer in beiden Händen sehr unterschiedlich! Hier ist links und rechts besonders zu differenzieren! Wie man sein Schicksal innerlich trägt (links) und wie man es nach außen bewältigt (rechts), ist bei der Beurteilung von Händen für den Gesamteindruck eines Menschen von großer Bedeutung!

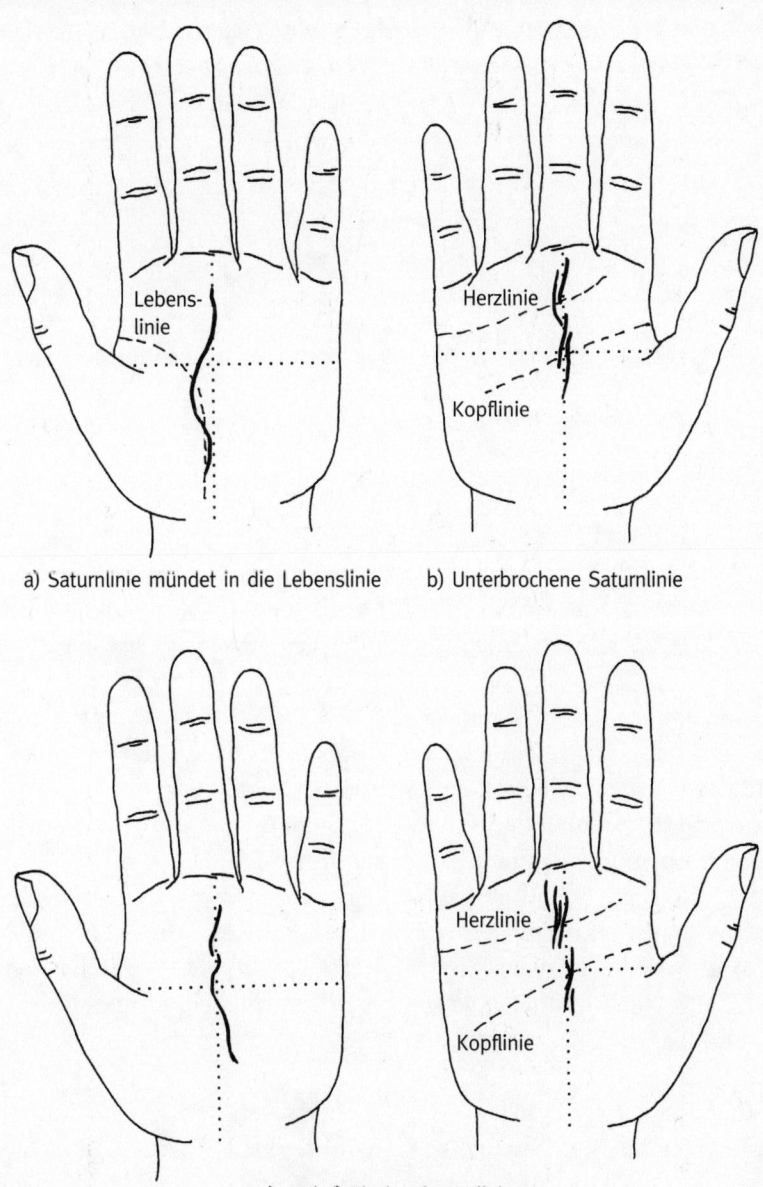

a) Saturnlinie mündet in die Lebenslinie   b) Unterbrochene Saturnlinie

c) und d) Zittrige Saturnlinien

Abb. 32: Seltene Saturnlinien

1.2. Die Sonnenlinie (Apollolinie)

Diese Linie ist in vielen Händen nicht vorhanden, manchmal nur links oder rechts, oder sie ist nur schwach ausgeprägt. Außerdem kann sie links und rechts sehr verschieden sein. Wie schon bei den Fingerbergen erwähnt, sehen wir in der Linie, die im Apollo- oder Sonnenberg entspringt, all das, was unser Herz erwärmt. Das sind ja meist die schönen Dinge des Lebens. So schreibt man diesen Linien symbolisch unsere ideelle und künstlerische Intensität zu. Hier ist zu sehen, ob wir Anlagen, Möglichkeiten und die Neigung in diesen Bereichen haben – wir sehen aber nicht, ob unsere Kräfte dies auch bewältigen und in die Praxis umsetzen können.

Keine unserer Anlagen wird so vernachlässigt wie unsere Ideale, unsere Sehnsüchte und geistigen Bedürfnisse! Prüfen Sie es bei sich selbst nach: Mit der Lebensintensität müssen wir uns auseinander setzen, um sie überhaupt zu bewältigen (Lebenslinie). Unsere Verstandesintensität wird gefordert, um uns im Beruf und im Existenzkampf zu behaupten (Kopflinie). Den Emotionen, die uns begegnen, können wir gar nicht ausweichen. Sie werden uns immer wieder beglücken oder traurig machen. Wir können uns nicht gegen die Gefühle abkapseln (Herzlinie). Und unser Leben als Schicksal, als Aufgabe, als Kreuz, das uns auferlegt wurde, zu tragen, bleibt keinem erspart (Schicksalslinie). Aber ohne Ideale und Wunschbilder können wir durchaus leben! Viele Handeigner mit oder ohne Sonnenlinien vermissen nichts!

Diese Menschen sind an ganz anderen Dingen interessiert und können gut damit leben. *Das ist keine Abwertung!* Allerdings ist es oft erstaunlich, wie verschüttete Träume oder verborgene Wünsche zaghaft wieder auftauchen, wenn man bei der Beurteilung der Sonnenlinien mit den Handeignern darüber spricht.

Wir müssen bei der Deutung unserer Hände und der Hände anderer Personen gleich etwas klarstellen: Arbeitet so ein Handeigner vielleicht schon in einem Beruf, wo diese Sonnenlinie bereits aktiviert wird? Darunter fallen alle Künstler. Aber auch Berufe mit künstlerisch-musischem Engagement: Galeriebesitzer, Klavierlehrer, Architekten, Designer oder andere. Alle Schriftsteller und Schreibende. Berufe, die mit

Mode, Schmuck, Kochen, Gärtnern und Ähnlichem zu tun haben. Alles, was der Verschönerung dient, aktiviert ja die schöpferische und ideelle Fantasie.

Dass auch alle religiösen, esoterischen und spirituell ausgerichteten Berufe dazugehören, wird jeden überzeugen. Und da die Sonnenlinie ja mit einem Pol fast immer auf der Du-Seite der Hand liegt, fallen alle pflegerischen, helfenden, sozial orientierten Berufe und Zuwendungen zu Mensch, Tier und Natur in die idealistische Kategorie. Werden all diese Bereiche nicht beruflich, sondern als Hobby anvisiert, können sie den Handeigner genauso stark erfüllen und beschäftigen.

Früher wurden Sonnenlinien mit Glanz, Glück und Reichtum gleichgesetzt. Aber wem winkt schon eine so genannte gute Partie, eine überraschende Erbschaft oder ein Lottogewinn! Heute sehen wir in den Apollolinien eher den Glanz und das Strahlende, das von innen kommt und uns und andere beglückt. Gerade nach Abschluss des vielleicht vorwiegend materiell orientierten Berufslebens sollte jeder Handeigner Wünsche und Liebhabereien in sich aufspüren, für die vorher keine Zeit und keine Muße war.

Wie schon beim Sonnenfinger erwähnt, wird heute die Apollolinie vielfach mit heilenden und seherischen Gaben gleichgesetzt. Das kommt wohl daher, dass in den griechischen Mythen der Gott Apollon Tote zum Leben erwecken konnte. Seinem Sohn, dem Arzt und Halbgott Äskulap, wurde diese Kraft ebenfalls zugeschrieben. Der Äskulapstab mit den zwei Schlangen ist noch heute das Symbol der Ärzte, die ja auch bestrebt sind, „Kranke (und Tote) zum Leben zu erwecken". Und nur zu gerne lässt sich mancher Handeigner dazu verführen, zu glauben nach ein oder zwei Wochenendseminaren Heilungskräfte oder seherische Gaben, Rückführungsenergien oder innere Erleuchtung zur Verfügung zu haben. Der in der Sonnenlinie gespeicherte Drang zum Du, zum Helfen, etwas Gutes zu tun, möchte dafür die Bestätigung haben – möglichst mit Zertifikat! Und man braucht dazu nicht viel zu lernen, sondern man geht in sich, in das Aufnehmen von Energieströmen oder Warten auf innere Bilder. Und mit etwas Hypnose, Trance, tiefer Konzentration und gelenktem Atem können sich auch Wahrnehmungen einstellen. Nun meint man, spirituelle Gaben zu besitzen und anwenden zu können! Seien Sie vorsichtig und skeptisch! Unserem seit Jahrhunderten stark vom Kopf geprägten Denken fallen solche Fähigkeiten selten zu! Sie können uns verblenden und anderen gar schaden.

1.2.1 Pole der Sonnenlinie

Sonnenlinie endet an der Emotionalis (Abb. 33a)

Hier ist alles Ideelle stark von Gefühlen geprägt. Der Verstand hat wenig Zugang dazu. Freude und Begeisterung bewegen das Herz, prägen die Ideale, die aber oft den Boden der Realität verlassen. Auch die Enttäuschungen sind dann besonders groß. So reich die Gefühlsskala auch ist, so fehlt doch manchmal die Kontrolle, ob die Wunschträume durchführbar sind.

Sonnenlinie endet an der Kopflinie (Abb. 33b)

Ideale und Wunschvorstellungen sind von Emotionen geprägt, aber sie werden denkend, mit Überlegung geprüft und so unter Kontrolle gehalten: oft zum Vorteil für das künstlerische, geistige oder soziale Engagement. Manchmal aber auch als Bremse und Hindernis für ein totales Ausgeliefertsein an die Herzenswünsche.

Sonnenlinie endet an der Schicksalslinie (Abb. 33c)

Über Herz- und Kopflinie wird die Verbindung zum Schicksalhaften hergestellt. Da könnte man fast sagen: Diese Linie prägt den Handeigner. Ob als Künstler, als religiös oder sozial Engagierter, ob in heilender oder beratender Funktion oder als Mittelpunkt einer Familie: Die Apollolinie saugt die Verantwortung, die Lebensaufgabe des Handeigners geradezu in sich auf und gibt ihnen ihre Ausrichtung.

Sonnenlinie endet im Neptunbereich (Abb. 33d)

Das ist sehr selten, würde aber für einen äußerst subtilen Instinkt, für künstlerische schöpferische Kräfte sprechen und für sicher höchst erstaunliche Begabungen. Sie könnte aber für den Handeigner auch ungeahnte animalische Fantasien, Energien, vielleicht sogar Urängste beschwören. Hier drängt die Linie mehr zur Ich-Seite hin.

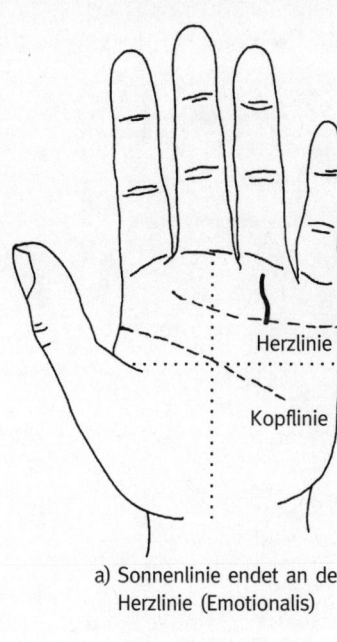

a) Sonnenlinie endet an der
Herzlinie (Emotionalis)

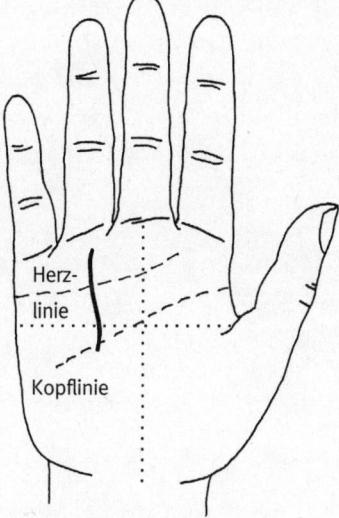

b) Sonnenlinie endet an
der Kopflinie

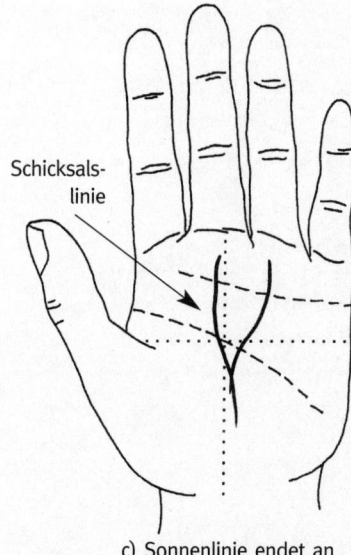

c) Sonnenlinie endet an
der Schicksalslinie

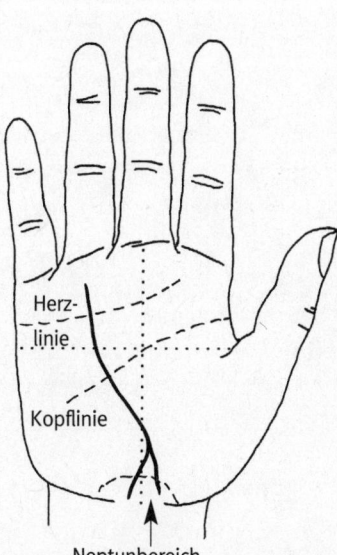

d) Sonnenlinie endet im Neptunbereich

Abb. 33: Pole der Sonnenlinie

1.2.2 Weitere Sonnenlinien

Sonnenlinie mündet in den Uranusberg (Abb. 34a)

Endet die Apollolinie im Uranusberg oder kreuzt sie die Uranuslinie, dann ist eine Sprunghaftigkeit in den Idealen nicht auszuschließen. Plötzliche Umkehr oder künstlerische Neuorientierung sind nicht selten. Der engagierte Bach- oder Mozartliebhaber wendet sich vielleicht konsequent der Zwölftonmusik zu. Religiöse oder esoterische Überzeugungen werden oft radikal umgepolt. „Vom Saulus zum Paulus" ist hier programmiert.

Da die Sonnenlinie, die ja unsere Sehnsüchte und Wunschbilder einschließt, ganz auf der Innen-Du-Seite endet, ist auch ein Partnerwechsel möglich. Urplötzlich „erwischt" es einen, man weiß selbst nicht, wieso ... Blickwinkel und Standpunkt haben radikal gewechselt. Die Umwelt wird gewiss öfter vor den Kopf gestoßen.

Sonnenlinie mündet in den Mondberg (Abb. 34b)

Über Herz- und manchmal auch Kopflinie hat die ideelle und künstlerische Intensität eine Verbindung zur Seele, zum Gemüt, ganz auf die Du-Seite gerichtet. Das gibt sicherlich beruflich eine starke Ausstrahlung, im Privatleben eine meist ausgeglichene Offenheit von Herz und Seele für andere. Die eigenen Ideale schützen davor, allzu sehr als seelischer Mülleimer ausgenutzt zu werden.

Sonnenlinie mündet in den Plutoberg (Abb. 34c)

Diese Linie ist sehr selten. Sie aktiviert damit überhaupt erst den Plutoberg und verrät den starken Drang nach Macht und Beherrschung anderer. Das kann im künstlerisch leitenden Bereich sehr fruchtbar sein: Regisseure, Dirigenten, Lehrer, Professoren. Ist sie mit religiösem oder politischem Fanatismus verbunden, wird die Linie äußerst gefährlich. Man glaubt unbedingt an seine „Sendung". Manchmal allerdings prägt sie vorbildhafte Menschen, die anderen Halt und Kraft geben. Mit Macht eine Masse zu beherrschen, liegt also in der Anlage so einer Linie verborgen. Glücklicherweise zeigt sich der negative Fall im Alltagsleben meist höchstens als Haus- oder Bürotyrann oder als Übermutter.

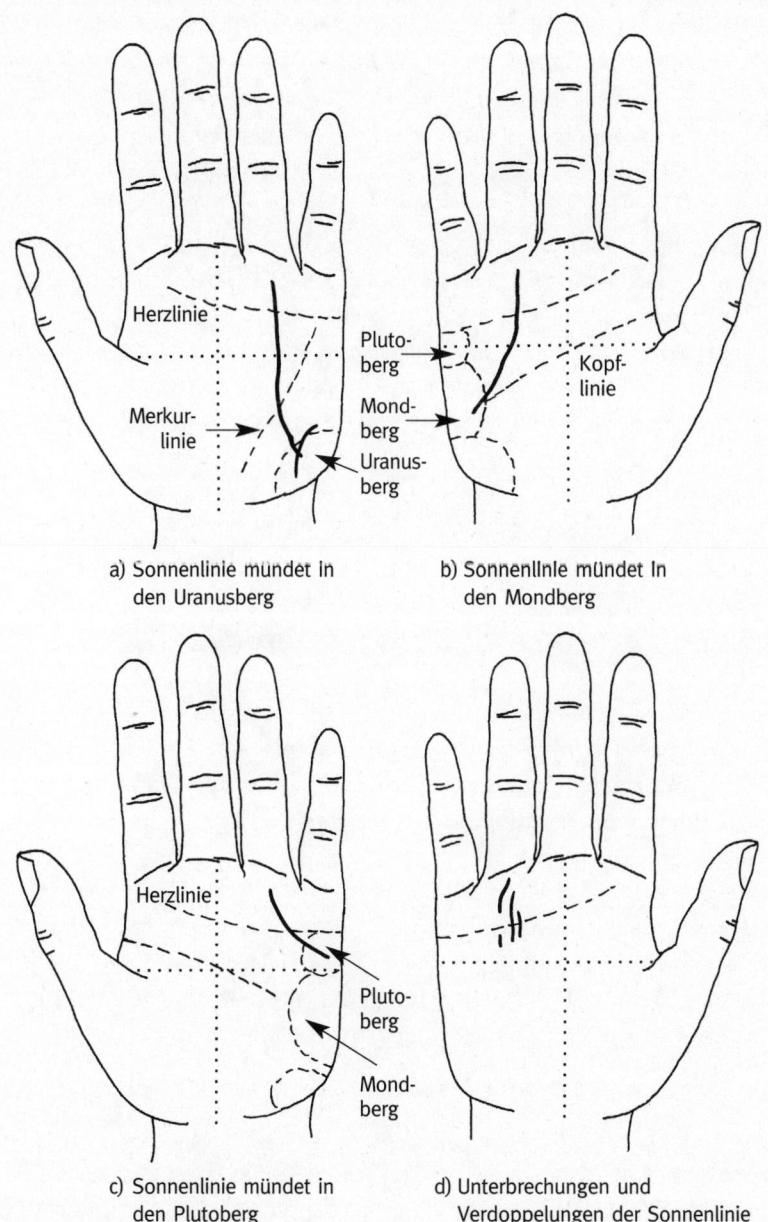

a) Sonnenlinie mündet in
   den Uranusberg

b) Sonnenlinie mündet in
   den Mondberg

c) Sonnenlinie mündet in
   den Plutoberg

d) Unterbrechungen und
   Verdoppelungen der Sonnenlinie

Abb. 34: Weitere Sonnenlinien

Unterbrechungen und Verdoppelungen
der Sonnenlinie (Abb. 34d)

Die Unterbrechung sieht man meist auf dem Sonnenberg oder an der Herzlinie. Sie zeigt Phasen an, in denen die ideelle Intensität einen Leerlauf hat, sich neu orientiert, ausruht oder auf der Suche ist.

Rechts: Beruflich kann das eine Krise, einen Abbruch, eine Umstellung oder ein Ende von etwas Liebgewordenen bedeuten: Man war z. B. Graphologe – aber inzwischen hat die moderne Technik den Beruf weitgehend ausgeschaltet. Oder ein Spezialist im artistischen Bereich hat keine Arbeitsmöglichkeit mehr und muss sich bemühen, seine Berufskenntnis anders einzusetzen. Bei einer Du-Hinwendung in Liebe oder Freundschaft könnte eine Überprüfung dieses Gefühls nötig werden.

Links: Bei der ideellen Ausübung eines Hobbys kann so eine Unterbrechung neue Liebhabereien bedeuten.

Eine (meist) Teilverdoppelung ist – wie alle Verdoppelungen – eine Unterstreichung auf dem jeweiligen Gebiet.

1.2.3 Kurze Sonnenlinien und der Dreizack

Kurze Sonnenlinien (Abb. 34e)

Sehr häufig findet man einige kurze Sonnenlinien, die vor oder an der Herzlinie enden. Manchmal verläuft eine von ihnen auch etwas schief. Diese Linien weisen auf vielerlei ideelle Interessen hin: Man würde gerne malen und hat dafür zweifellos eine Begabung. Andererseits möchte man sich lieber mit Esoterik befassen. Das ist so faszinierend. Und Heilpraktiker lernen, wäre doch eine echte Aufgabe … Oder am liebsten ein Buch schreiben – möglichst über das eigene Leben, man hat ja so viel zu sagen! Hier stehen zu viele Interessen nebeneinander oder hemmen sich sogar. Man sollte sich unbedingt entscheiden und eine oder zwei Richtungen beibehalten.

Der Dreizack der Sonnenlinien (Abb. 34f)

Der Dreizack ist eine gerade kurze Sonnenlinie auf dem Sonnenberg mit zwei schrägen Seitenarmen. Er weist darauf hin, dass wohl zwei oder drei verschiedene Intensitäten in dem Handeigner vorhanden sind. Des-

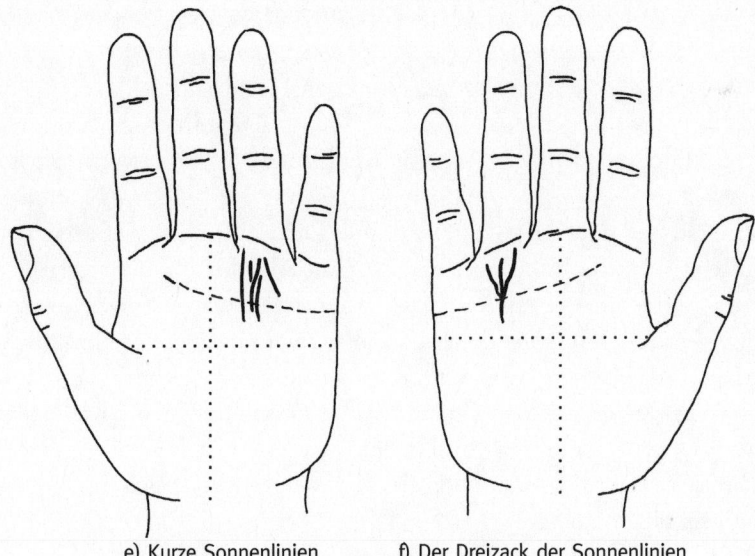

e) Kurze Sonnenlinien   f) Der Dreizack der Sonnenlinien

Abb. 34: Kurze Sonnenlinien und der Dreizack

sen Aufgabe ist es, diese unter einen Hut zu bringen, also die verschiedenen Stränge zu einer Idee zu vereinen. Das ist gar nicht so selten, erfordert aber Lernen und eine intensive Beschäftigung und Zusammenschau der verschiedenen Bereiche. Man findet beispielsweise Heilpraktiker, die sich mit Körpersprache und Astrologie befassen, um dann die unterschiedlichen Erkenntnisse Sinn bringend für ihre Patienten anzuwenden. Oder ein Seelsorger, ein Lebensberater hat psychologische Schulungen mitgemacht, vielleicht zusätzlich Rhetorik gelernt, um seine Worte überzeugender zu vermitteln. Bei Künstlern kommt es häufig vor, dass etwa Malerei und Bildhauerei noch mit harmonischer Wohnraumgestaltung und Möbeldesign verbunden werden.

Je gerader und deutlicher die Dreizack-Gravierung, um so dringlicher ist so ein Omen zu nutzen. Wellige Linien verraten oft Suchen und leichte Unentschlossenheit in der Zielsetzung. Die Sonnenlinie ist nicht in jeder Hand zu finden, oft auch nicht sehr ausgeprägt. Sie ist nicht notwendig für die Lebensbewältigung, aber sie bereichert ungemein und unterstützt die Ausstrahlung auf unsere Umwelt, unser Du.

1.3. Die Merkurlinie

Die Merkurlinie ist ebenfalls nicht in jeder Hand zu finden. Links oder rechts sehen wir jedoch fast immer einige kurze Linien auf dem Merkurberg. Die Merkurlinie ist das Symbol für praktisches, vernunftorientiertes Handeln. Sie hat auch die – allerdings seltenen – Namen Gesundheitsfalte oder Kaufmannslinie. Die hübscheste Bezeichnung kommt aus China. Sie heißt dort „Segnender Gruß des Herrn". Das müssen wir so interpretieren: Viele Menschen waren früher arm und hatten Hunger. Wies nun die gut gepolsterte Hand eines wohlhabenden Mannes diese Falte auf, dann hatte er genug zu essen und war „gesund und reich und von Gott gesegnet". Daher noch die Begriffe Magen- und Gesundheitsfalte, wenn wir auch bei unserer Deutungsweise hier eher nervöses, sprunghaftes Denken sehen, das bei Sorgen eben auch auf den Magen schlagen kann.

Wir ordnen der Merkurlinie umsichtige Vernunft, mit der der Alltag und die Realität zu bewältigen ist, zu. Wer diese Linie nicht hat, ist nicht untüchtig oder ein Versager, sondern seine Interessen sind eben nicht so stark auf die organisierte Einteilung ausgerichtet. Oft ist diese Linie sprunghaft, als Teilstrecke vorhanden oder nur schwach gezeichnet. Da sie eine Diagonale in der Hand bildet, sieht man oft nur ein Stück von ihr. Wichtig, wie bei allen Linien, sind ihre Endpunkte, also die Pole, die sie miteinander verbindet.

Für die Praxis ist die Unterscheidung von links und rechts wichtig:

Links: Merkurlinien zeigen hier ein oft philosophisches Denken an, ein gutes Gedächtnis und Lerneifer. Sinn für Argumente, Überlegungen und logische Schlussfolgerungen. Fleißiges und genaues, vernünftiges Überlegen. Auch Begabung für neue Organisations- und Denkweisen: Computer, Internet usw.

Rechts: Hier wäre die gute, geschickte Hand bei Bastel- und Reparaturarbeiten zu finden. Ferner Umgang mit eigenen und fremden Geldanlagen. Allerdings auch die Manipulation und zwielichtige Tricks bei Geschäften! Da merkurische Begabung für gutes und überzeugendes Reden und Handeln steht, ist zu prüfen, ob Größe und Gestalt des Merkurfingers diese Anlagen unterstützen.

1.3.1 Die Pole der Merkurlinie

Merkurlinie mündet in den Neptunbereich (Abb. 35a)
Eine solche durchgehende Linie ist nicht sehr häufig. Beide Pole zeigen an, dass vom Instinkt her eine gute Denkfähigkeit unterstützt wird. Vom Merkurberg ausgehend wird dieser Linie praktische Umsicht zugeführt. Da die Emotionalis dabei gekreuzt wird, sind bei Entscheidungen oft lebhafte Gefühlsimpulse zu erwarten.

**Merkurlinie mündet von der Kopflinie aus
in den Neptunbereich (Abb. 35b)**
Hier wird die Verstandesintensität zusätzlich sehr gezielt Bilder aus der Tiefe, aus dem Instinkt umsetzen können und meistens klug abwägen.

Merkurlinie mündet in die Lebenslinie (Abb. 35c)
Das kommt nicht so häufig vor, denn damit geht die Merkurlinie, die eigentlich den Raum auf der Du-Seite einnimmt, mit einem Pol in den Ich-Bereich. Das Pragmatische wird also notwendig sein für die Lebensintensität. Man richtet sich das Bewältigen aller Situationen mit Vernunft ein und kommt damit gut zurecht. Manchmal vielleicht ein bisschen zu vernünftig!

Merkurlinie berührt die Schicksalslinie (Abb. 35d)
Damit bleibt die Linie in der Mitte der Hand. Die Vernunft wird mit Verantwortung gehandhabt, das Denken bezieht die Aufgabe, die man hat, immer mit ein und wird dadurch vertieft. Vielleicht auch etwas belastet. Die Entscheidungen, die man trifft, sind sorgsam überdacht und überprüft.

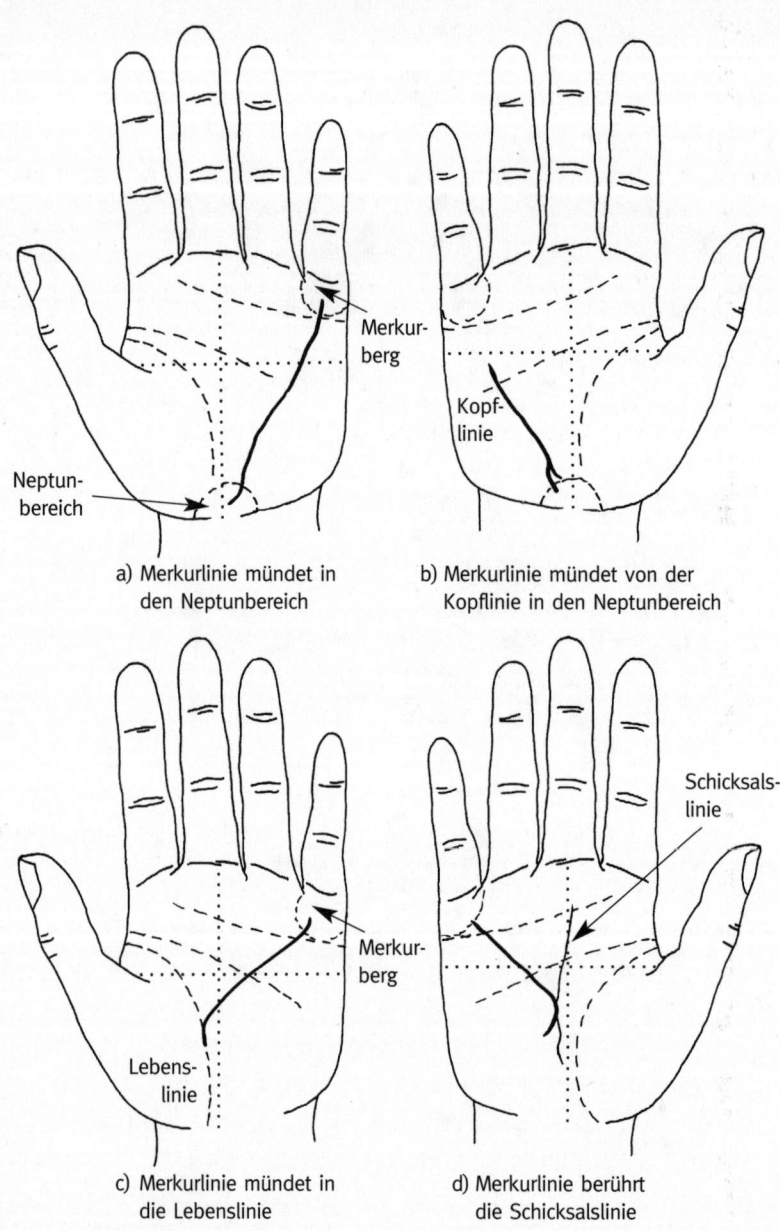

a) Merkurlinie mündet in
   den Neptunbereich

b) Merkurlinie mündet von der
   Kopflinie in den Neptunbereich

c) Merkurlinie mündet in
   die Lebenslinie

d) Merkurlinie berührt
   die Schicksalslinie

Abb. 35: Die Pole der Merkurlinie

1.3.2 Merkurlinien bleiben auf der Du-Seite

Merkurlinie mündet in den Uranusberg oder schneidet die Uranuslinie (Abb. 36a)

Dieser Linienverlauf ist etwas schwierig. Oft gehen beide Furchen ineinander über. Oder es tritt eine Unterbrechung ein und man sieht nicht genau, ob die Merkur- oder die Uranuslinie weiter führt. Wichtig ist der Pol, der in den uranischen Bereich zielt. Wenn er dort einmündet, ist immer ein sehr sprunghaftes Denken gegeben.

Rechts: Die Einfälle können überhand nehmen. Neue Ideen und erstaunliche Eingebungen müssten sich im Berufsleben fördernd auswirken. Manchmal allerdings stößt man damit die Umwelt vor den Kopf, und man wird nicht ganz ernst genommen. Hier empfiehlt es sich dringend, den Einfall zu überschlafen!

Links: Es gilt das Gleiche wie rechts, nur spielt es sich häufiger im inneren Bereich, also in Gedanken und Fantasien ab. Utopien beflügeln, aber die lassen manchmal eine gesicherte Basis vermissen.

Merkurlinie mündet in den Mondberg (Abb. 36b)

Das rein Pragmatische kommt hier weniger zum Zuge. Fantasie und Träume beflügeln das reale Denken und können ihm schöpferische Impulse geben. Dies ist vielleicht für einen Kaufmann und Banker nicht so ertragreich. Eher für den originellen und wagemutigen Unternehmer und den einfallsreichen, gut ratenden Partner.

Merkurlinie mündet in den Plutoberg (Abb. 36c)

Dies kommt sehr selten vor! Das Denken ist ganz auf das Besitzen des Du ausgerichtet. Widerspruch wird kaum geduldet. Man hat Ansprüche und Forderungen. Nicht jeder Partner wird das akzeptieren.

Kurze Merkurlinien (Abb. 36d)

Das ist die häufigste Variante dieser Linie und sie ist immer mehr oder weniger deutlich in einer Hand zu finden. Der Merkurberg als Reserve der Vernunft- und Denkkräfte wird intensiv angeregt und vielseitig aktiviert. Man redet oder verhandelt, organisiert oder berechnet, betätigt

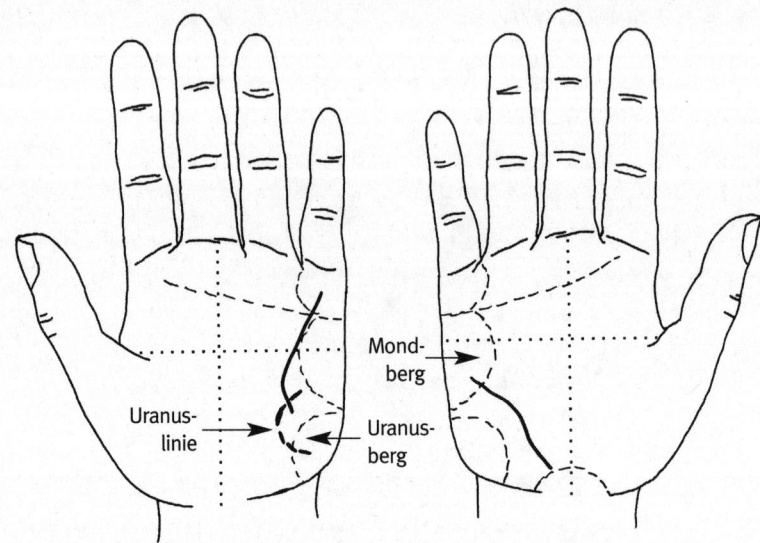

a) Merkurlinie schneidet die Uranuslinie   b) Merkurlinie mündet in den Mondberg

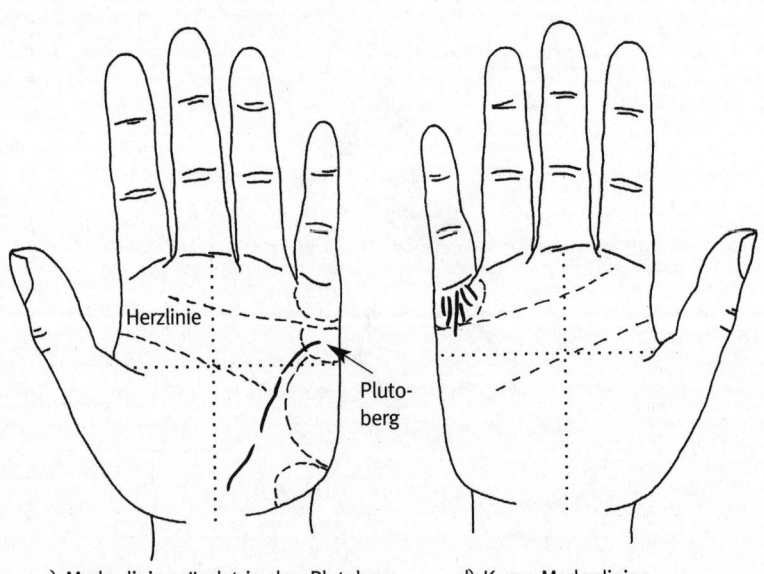

c) Merkurlinie mündet in den Plutoberg   d) Kurze Merkurlinien

Abb. 36: Merkurlinien bleiben auf der Du-Seite

sich handwerklich oder denkt nach. Oft sind die dadurch entwickelten Kräfte lebhafter und wirkungsvoller als die durch eine lange Merkurlinie angezeigten.

1.4. Die Uranuslinie

Die Uranuslinie fehlt in vielen Händen. Auch der Uranusberg an der Handkante unten, ganz auf der Du-Seite, ist selten ausgeprägt. Leben erhält er erst durch Linien, die auf ihm entspringen oder in den Berg hineinfließen und die Uranuslinie damit kreuzen.

Es wurde eben von der Merkurlinie gesprochen, die sehr häufig mit der Uranuslinie verbunden ist oder diese übernimmt und zum Teil weiterführt. Die Uranuslinie kann auch sehr deutlich gezeichnet sein und dafür fehlt dann die Merkurlinie. Es wurde schon erwähnt: Der Unterschied ist sehr diffizil und nicht leicht zu erkennen. Aber es ist für die Aussage nicht problematisch! Von dieser Linie wird die Intuition symbolisiert. Intuition ist eine geistige Schau. Sie ist der Einfall, die plötzliche Erkenntnis, die blitzartige Eingebung! Sie entsteht über das Denken. Und hier ist die Verwandtschaft zur Merkurlinie zu finden. Sie ist sozusagen die höhere Stufe des Verstandes und des logisch-pragmatischen Denkens. Erst wenn ich versucht habe, ein Problem, eine verzwickte Situation zu überdenken, sie hin und her zu überlegen, wenn ich mir buchstäblich „den Kopf zerbrochen" habe, dann kann mir plötzlich klar werden: „Das ist die Lösung! So musst du handeln! Das ist der Weg!" Oft ist dieses Ergebnis für den Handeigner selbst und die Umwelt verblüffend, originell aber manchmal auch leicht verrückt und hysterisch. Der Uranusberg hatte ja den Namen „Ort der Hysterie". Und solche plötzlichen Umschwünge können einen entsprechenden Verdacht auslösen!

Wenn die Uranuslinie auf dem Uranusberg entspringt, die Merkurlinie kreuzt und eventuell deren Lauf übernimmt, gilt das, was bei der Merkurlinie auf Seite 121 zu Abb. 36a gesagt wurde.

Verschiedene Uranuslinien

Uranuslinie kreuzt oder mündet in die Schicksalslinie (Abb. 37a)

Sehr viele plötzliche Umschwünge und Meinungsänderungen. Meist sind sie auch schicksalhaft oder werden so empfunden. Häufiger Berufswechsel ist möglich. Neue Partnerschaften können verlocken. Vorwiegend aber eigene innere radikale Wandlungen. Man stellt sich sozusagen auf den Kopf. Gut, wenn Partner das mitmachen und beweglich sind! Die Neuorientierung kann nämlich fabelhaft sein! Muss es aber nicht ... Risikobereitschaft ist ein Lebenselixier.

Uranuslinie mündet in den Mondberg (Abb. 37b)

Hier gesellt sich zu den Einfällen noch Fantasie und ein bewegtes Gemüt. Man kann äußerst schöpferisch sein. Aber auch in Illusionen versinken.

Uranuslinie kreuzt die Kopflinie oder mündet hier ein (Abb. 37c)

Man prüft die Entschlüsse und Spontanreaktionen und filtert sie mit der Verstandesintensität. Das gibt den Ideen eine feste und brauchbare Basis. Die Flügel sind gestutzt, alles hat Hand und Fuß. Die Kopflastigkeit eines solchen Handeigners kann allerdings überhand nehmen.

Uranuslinie als Ring oder Halbring auf dem Uranusberg (Abb. 37d)

Ideen und Einfälle könnten sich im Kreise drehen. Es besteht auch die Gefahr, dass diese Handeigner meinen, ihnen fiele immer etwas ein, deshalb bräuchten sie sich nicht vorzubereiten! Aber Genieblitze alleine reichen nicht zum Erfolg! Beständigkeit und Fleiß müssen sie schon begleiten.

Die Uranuslinie lebt also vom spontanen Resultat des Nachdenkens über eine Lösung, die die Kopf- oder Merkurlinie vorbereitet haben. Sie ist damit genau der Gegensatz zum danebenliegenden Neptunbereich und sollte von den dortigen Linien deutlich unterschieden werden!

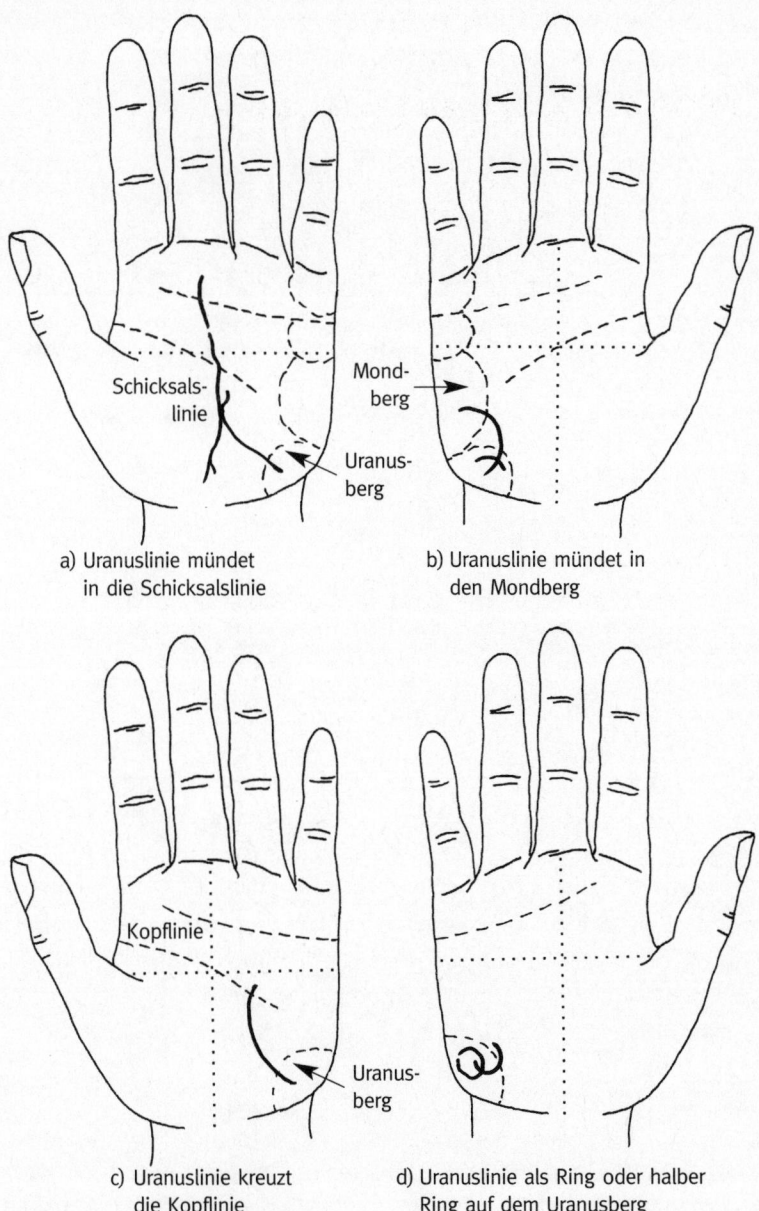

a) Uranuslinie mündet
   in die Schicksalslinie

b) Uranuslinie mündet in
   den Mondberg

c) Uranuslinie kreuzt
   die Kopflinie

d) Uranuslinie als Ring oder halber
   Ring auf dem Uranusberg

Abb. 37: Verschiedene Uranuslinien

1.5. Die Neptunlinien

Diese Linien – es sind oft zwei oder drei – entspringen unten an der Handwurzelmitte. Sie fehlen in vielen Händen oder sind nur in kleinen Teilstücken vorhanden. Man sollte bei ihrer Deutung etwas vorsichtig sein. Der Neptunberg wird ja erst durch die Linien belebt, die in ihn einmünden: Schicksalslinie, Merkurlinie, eventuell Zweige der Lebenslinie. Oder er gewinnt an Bedeutung durch die kleinen Linien, die von ihm ausgehen.

Wir finden hier den Urgrund, die Instinktintensität, die Verwurzelung mit unseren Archetypen, mit Heimat- und Familientraditionen, die unbewusst in uns leben. Instinkt ist genau der Gegensatz zur Intuition des Uranusberges. Er kommt nicht aus dem Kopf, sondern aus dem Bauch, wir können ihn kaum erklären. Er ist in unserer stark vom Kopf geprägten westlichen Welt im Laufe der Jahrhunderte eigentlich immer mehr verkümmert. Die ursprünglichen Reaktionen auf Gefahren, auf Feinde, auf Unvorhergesehenes wurden von technischem Wissen und intellektueller Voraussicht überlagert. Viele Menschen meinen: „Mein Instinkt sagt mir …“, aber es ist ihre Gefühlssympathie oder Antipathie, die so reagiert.

Nicht nur zufällig liegt der Gefühlsbereich des Daumenballens dicht daneben. Auto fahren dagegen ist zum Beispiel eine typisch uranische Angelegenheit. Alles, was mit Technik und Maschinen zu tun hat, benötigt blitzschnelle Verstandesintensität.

So siedeln wir im Neptunbereich zwischen Venus- und Mondberg die unerklärlichen Ängste, die fast magischen Verbindungen zwischen Menschen an und alles, was wir suchen: Die geheimnisvolle Sehnsucht, das Suchen nach den Urgründen, nach dem Geheimnis, vielleicht auch die inbrünstige Suche nach Gott. Und alle Süchte, die ja vom „Suchen“ kommen. Die Süchte, denen wir verfallen können. Über Rauchen und Trinken und andere Drogen hinausgehend auch die Sucht nach dem Irrationalen, nach besonderen Kräften, nach Heilungsfähigkeiten oder Hexerei. Das kann zu Täuschungen und Selbsttäuschungen verleiten, die letztlich dann zur Ent-Täuschung führen und in Depressionen enden können.

Haben wir einen durch Linien aktivierten Neptunbereich, ist die erste Frage: Hat der Handeigner – in diesem Fall meist die Handeignerin – Kinder? Dann kann diese Linie auf eine sehr starke Mutterbindung hinweisen (seltener Vaterbindung).

Meist ist dies eine sehr intensive, instinktive Nabelschnurverkettung, die vonseiten der Mutter nur sehr schwer gelöst wird. Man lässt die Kinder nicht los, auch im Erwachsenenalter besteht hier noch eine ganz enge Verbindung. Die kann als beschützend und beruhigend empfunden werden, man bleibt immer „im Nest", oft leben Mutter und Tochter oder Mutter und Sohn zusammen, andere Partner haben hier kaum Zutritt. Es kann aber auch eine Kette sein, die das Kind vereinnahmt und nicht freigibt.

Mütter mit solch einer Nabelschnurbindung müssen rechtzeitig versuchen, sich und dem Kind Freiraum zu geben und den Heranwachsenden loszulassen!

Die zweite Frage ist bei der Neptunlinie: Habe ich Urängste? Wer gar nicht weiß, was diese Frage bedeutet, hat keine. Er braucht darüber nicht nachzugrübeln. Wer Urängste hat, nickt stumm. Das ist die unbegreifliche tiefe Angst der Lebensbewältigung, der Schicksalsbewältigung, auch vor den Abgründen, in die man fallen kann. Nicht eine vorübergehende Furcht vor schwierigen Situationen, sondern ein großes Grauen, das uns hinunterzuziehen droht. Glücklicherweise ist es bei uns Durchschnittsmenschen selten. *Setzen Sie dies bitte nicht mit einem Krankheitsbild oder Trauma gleich, für das der Arzt oder Psychiater zuständig ist!*

Verschiedene Neptunlinien

Neptunlinie als Zweig der Lebenslinie (Abb. 38a)

Hier sieht man – meist sehr positiv –, dass die vitale Lebensintensität auch immer ihre Wurzeln sucht, ihren Urgrund, in den sie vielleicht wieder einmünden will. Oft zeigt dies auch eine Bindung an die Heimat, Familie oder den Glauben an, dem man angehört. Diese Linie kann von der Lebenslinie abzweigen oder aber sie strebt von der Handwurzel als kleiner Zweig in die Lebenslinie hinein.

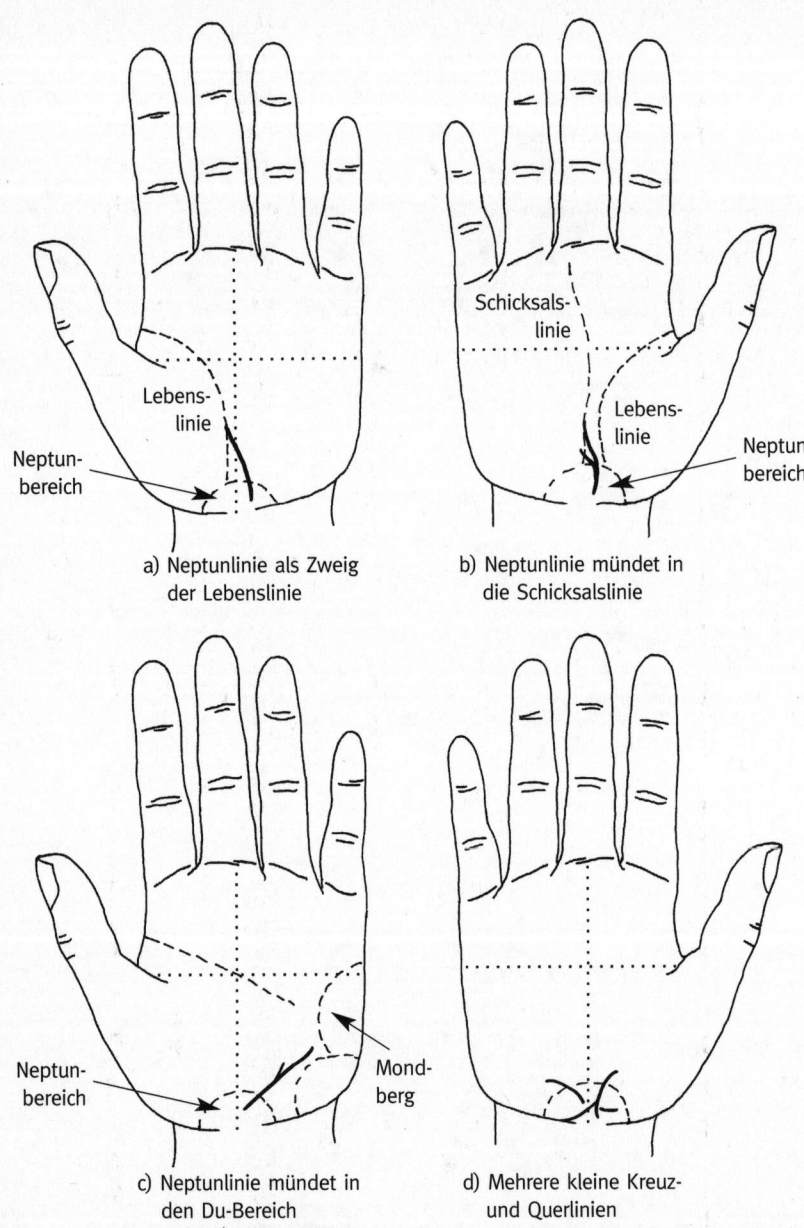

a) Neptunlinie als Zweig
der Lebenslinie

b) Neptunlinie mündet in
die Schicksalslinie

c) Neptunlinie mündet in
den Du-Bereich

d) Mehrere kleine Kreuz-
und Querlinien

Abb. 38: Verschiedene Neptunlinien

Neptunlinie mündet in die Schicksalslinie (Abb. 38b)
Das ist das häufigste Linienbild. Hier kann die beschriebene instinktive Mutter-Kind-Bindung gemeint sein, die für die Handeignerin und das Kind zum Schicksal geworden ist. Eine weitere Möglichkeit wäre noch: Ersatz-Familien oder eine Kinderbindung durch einen Beruf, in dem man solche Betreuung als Lebensaufgabe ansieht: SOS-Kinderdorf, Pflege und Betreuung hilfloser oder behinderter Menschen.

Neptunlinie mündet in den Du-Bereich (Abb. 38c)
Meist geht diese Linie in Richtung Mondberg. Das gibt eine ungewöhnliche Sensibilität für das Du. Man „ahnt“, was der andere fühlt und denkt, und stellt sich sehr auf ihn ein. Man sollte versuchen, sich dabei selbst nicht ganz aufzugeben und andere Kräfte für die Ich-Betonung zu mobilisieren!

Mehrere kleine Kreuz- und Querlinien (Abb. 38d)
Viele Sehnsüchte, oft irrationale Wünsche, die sich auch gegenseitig im Wege sein können. Man möchte Heilsbringer sein, schwankt stark in den Stimmungen. Auch Wünsche in Richtung Magie. Hier wäre anzuraten, lieber klaren und gut gezeichneten Verstandes- oder Gefühlskräften zu vertrauen! Nebulöse Träume können verwirren und Sie selbst und andere täuschen!

Echte Hellsichtigkeit und Heilungsgaben sind äußerst selten. Man kann sie in einem Wochenendkurs nie erlernen!

Nun haben etliche Handeigner noch Linien in der Hand, die bei unserer Beschreibung noch nicht erwähnt wurden. Wir stellen einige davon im nächsten Arbeitsblock vor.

2. Grundregeln der Handdeutung

Grundsätzlich gelten für die Landkarte in unserer Hand die folgenden
Regeln:

▨ Wichtig sind die gut sichtbaren Berge und Erhebungen – die „Ge-
birge" in der Landschaft. Sie dominieren.

▨ Wichtig sind ebenfalls die großen Hauptlinien, ihre Länge, ihre
Richtung – wie die großen Flüsse in der Landschaft. Auch sie dominieren.

▨ Beachten sollte man die Kreuzungen und Ballungen von stärker und
schwächer gezeichneten Linien – wer hat Vorfahrt? Das sind die Ver-
kehrsknotenpunkte, die die Richtungen anzeigen.

▨ Man erkennt fein gezeichnete Stege, Verbindungslinien, die in eine
andere Linie münden oder in einen Berg zielen: Das sind – wie in
der Landschaft – Brücken, Pfade, kleine Nebenwege oder Abkür-
zungen und als solche zu bewerten.

Arbeitsblock VI

1. Markierungen und Zeichen

1.1 Die Marksteine auf den Linien

Sie haben etliche kleine Zeichen, Striche, Punkte auf den Linien oder auf Flächen und Bergen bemerkt. Das sind Markierungen, manchmal Omen, man kann sie auch als Wegweiser oder Haltepunkte ansehen – genau wie in einer Landschaft. Sie sind zu beachten, aber nicht überzubewerten! Weder ist ein Kreuz ein schlimmes Omen, noch ein Stern ein Glückszeichen. Sehr genau ist zu unterscheiden, ob so ein „Omen" nicht einfach durch Kreuzungen der Linien gebildet wird! Dann sind es Weggabelungen oder Überquerungen und mit den verschiedenen Linienaussagen zu kombinieren. Man verwechselt dies sehr oft und hält solche Figuren für besondere Zeichen!

Bei einer auffälligen Eigenart in der Hand bitte immer nachprüfen, ob vielleicht eine lange zurückliegende Verletzung, ein Schnitt dieses Bild hervorriefen! So eine äußere Veränderung und Vernarbung hat *nichts* mit der ursprünglichen Handprägung zu tun. Die meisten der folgenden Zeichen finden Sie als Marksteine auf den Hauptlinien.

Verästelungen aufsteigend, nach oben (Abb. 39, 1a)
Wie alle Linien, die nach oben streben, haben sie eine meist positive, optimistische Aussage. Sie zielen in Berge oder zu anderen Linien und wollen eine Verbindung meist ideeller oder geistiger Art herstellen.

Verästelungen nach unten (Abb. 39, 1b)
Sie zeigen ein Suchen in der Tiefe an, etwas soll gefestigt werden. Bei der Herzlinie manchmal Traurigkeit, Neigung zum Deprimiertsein, vielleicht verborgene Tränen.

Wechsel zwischen aufwärts und abwärts gerichteten Verästelungen (Abb. 39, 1c)

Bei der Emotionalis: Ein Schwanken zwischen beglückenden Impulsen und Niedergeschlagenheit. Bei der Kopflinie zeichnen sich damit Lernerfolg oder Lernschwierigkeiten ab. Berufsschübe.

Durchstreichungen (Abb. 39, 2)

Dies sind Behinderungen, eine Blockade, ein momentaner Stillstand. Ein Abwarten. Kann von innen kommen, auch als Hemmung durch äußeres Ereignis.

Brüche (Abb. 39, 3)

Sie sind immer Haltepunkte, oft weiß man nicht weiter. Verunsicherung und Leere im Gefühlsleben (Herzlinie), Bremsen oder Störung, Schwankung im Beruf sind hier zu sehen (Kopflinie). In der Lebens- oder Schicksalslinie: Abbrüche, Neuorientierungen.

Punkte (Abb. 39, 4)

Markante Nähmaschinenstiche zeigen eindringliche Erlebnisse. Aber auch schmerzhafte Verluste können Narben hinterlassen. Aber die Linien gehen weiter!

Gabelungen (Abb. 39, 5)

Verzweigungen sind immer sehr positiv zu werten. Neue Wege, neue Ziele werden anvisiert. Was verbinden sie, wohin wollen sie weisen? Sehr wichtig bei Neuorientierungen im Beruf!

Zwillingslinien (Abb. 39, 6)

Immer eine Verdoppelung der Intensitäten. Meist nur bei Hauptlinien. Verdoppelung nach oben (Abb. 39, 6a): ideelle und geistige neue Ziele, Begegnungen mit Kräftezuwachs. Verdoppelung nach unten (Abb. 39, 6b): Stabilisierung, Vertiefung, die Basis wird gefestigt.

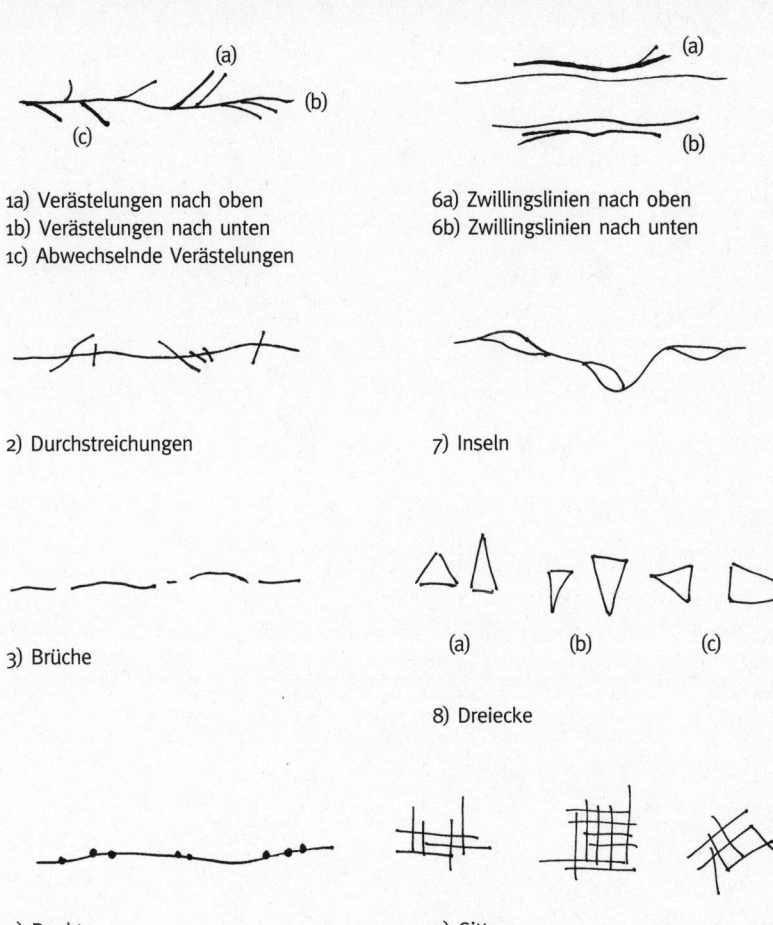

1a) Verästelungen nach oben
1b) Verästelungen nach unten
1c) Abwechselnde Verästelungen

6a) Zwillingslinien nach oben
6b) Zwillingslinien nach unten

2) Durchstreichungen

7) Inseln

3) Brüche

8) Dreiecke

4) Punkte

9) Gitter

5) Gabelungen

10) Kettenlinien

Abb. 39: Marksteine und Omen

1.2. Omen

Inseln (Abb. 39, 7)

Sie sind in fast allen Händen auf einer der Linien zu sehen. Man muss eine Pause einlegen oder ertragen. Wartezustand, ein Durchhalten, der Fluss muss die Insel erst umfließen – meist mit halber Kraft. Kann eine Rekonvaleszenz bedeuten, einen Leerlauf nach einer Gefühlsenttäuschung, Abwarten. Immer aber muss man Geduld haben. Man steht oft wie unbeteiligt neben sich.

Dreiecke (Abb. 39, 8)

Meist nur auf Hauptlinien. a) Nach oben: Leistung, Ansporn im geistig ideellen Bereich. b) Nach unten: Suchen, Vertiefung. c) Nach links oder rechts: Leistungen sind für die Ich- oder Du-Seite zu erbringen. Bitte genau beachten: Oft wird ein Dreieck durch die Kreuzung mit einer anderen Linie gebildet. Diese erhält dann noch mehr Gewicht!

Gitter (Abb. 39, 9)

Meist nur auf den unteren Fingergliedern, beim Start (siehe S. 84 f.). Aber auch auf dem Venusberg zwischen Energie- und Impulslinien (siehe S. 65 ff.). Gitter sind immer Bremsen, man wird hin- und hergerissen und ist in einem Zwiespalt gefangen.

Kettenlinien (Abb. 39, 10)

Verzahnung verschiedener Linien mit verschiedenen Kräften. Eigentlich kommen sie nur am Anfang von Lebens- und Kopflinie und bei den Raszetten (siehe S. 135 ff.) vor.

Diese Zeichen reichen für die Deutung aus. Sie sind fast immer Prägungen, die ein Leben lang bleiben. Dreiecke werden von einem Handeigner immer wieder Leistungen fordern. Inseln werden im Leben ab und an zu Besinnungspausen führen. Viele auf- oder absteigende Äste die Grundimpulse bestimmen. Fügen Sie in den Bildern Ihrer drei Hauptlinien auf Seite 40 f. nun diese Zeichen ein, sofern Sie welche bei sich entdeckt haben.

2. Weitere Nebenlinien

Wenn Sie diese Linien nicht in Ihrer Hand haben, ist das kein Verlust. *Linienarme Hände* kommen bestens mit den wenigen, klar gezeichneten Furchen aus. Oft werden sie dadurch nicht im Lebensablauf irritiert und hin- und hergerissen.

Linienreiche Hände haben eine große zusätzliche Vielfalt an Impulsen aufzuweisen. Hier sollte aber besonders darauf geachtet werden, einen einzelnen Nebenfluss, einen Steg oder Markierungen nicht zu wichtig zu nehmen. Und bitte betrachten Sie Ihre Handlandschaft nur mit Ihren Augen oder mit Ihrer Lesebrille. Eine Lupe gibt manchmal falsche Bewertungen. Wichtig ist, was Ihre Augen sehen! Die zeigen Ihnen genau die richtigen Größenverhältnisse an. Die folgenden Nebenlinien können Sie in Ihrer Hand finden – aber häufiger auch nicht.

2.1 Kontakt- oder Ehelinien, Kinderlinien, Raszetten

Seit Tausenden von Jahren stellten und stellen junge Frauen immer diese Fragen: Werde ich heiraten? Werde ich Kinder bekommen? – und zu 5o % gab es dann eben den Ehemann in naher Zukunft oder die Geburt eines Kindes. Leider gibt es darauf keine verbindliche Antwort aus der Hand. Angeblich genaue Voraussagen beruhen auf Zufallstreffern und guter Menschenkenntnis.

Kontaktlinien sagen wir heute zu den früheren Ehelinien. Ob mit oder ohne Trauschein, wir bezeichnen damit eine lebensprägende Bindung. Diese Linie ist in nahezu jeder Hand vorhanden: Ballen Sie eine leichte Faust. Über der Herzlinie an der Außenkante sehen Sie eine feine kurze Linie (Abb. 40, 1a). Nicht mit einer Beugefalte verwechseln! Manchmal finden Sie noch eine schwache kurze Kerbe darüber oder darunter: Ein Mann oder eine Frau haben in Ihrem Leben eine wesentliche Rolle gespielt – eventuell noch ein zweiter. Die anderen Begegnungen – gleich wie viele – waren eben flüchtiger oder fanden nicht statt. Also vergessen Sie die Aussagen über eine bevorstehende Heirat! Eine bewegte Emotionalis, ein großer Venusberg verraten viel mehr über Ihre Liebesbereitschaft!

Kinderlinien (Abb. 40, 1b) sind noch fragwürdiger. Oberhalb dieser Ehe- oder Kontaktlinien nahe an der Außenkante sieht man eventuell zwei bis drei ganz feine, kurze, senkrechte Linien. Nicht mit den Merkurlinien verwechseln! Früher hatten die Frauen fünf bis zehn Kinder. So viele Linien gibt es in keiner Hand! Heute hat man – durch die modernen Verhütungsmöglichkeiten – ein bis zwei Kinder oder keine. Niemand kann sagen, wie viele die Natur vielleicht ermöglicht hätte! Beide Aussagen – Ehe und Kinder – geben also keinerlei ernst zu nehmenden Hinweise.

Raszetten werden die Armbänder unterhalb des Handrumpfes am Beginn vom Handansatz genannt. Sie sehen sie sehr gut, wenn Sie die Hand leicht zu sich beugen. Diese Armreifen sollten ebenfalls die zu erwartende Kinderzahl verraten – auch das können Sie vergessen. Die Raszetten zeigen uns jedoch drei verschiedene Varianten: Verkettete Linien, Teilstücke von Linien oder gerade gezeichnete Linien (Abb. 40, 1c, c_1, c_2).

Verkettungen sind immer Barrieren, zeigen eine gewisse Anstrengung aber stets die Bereitschaft zur Aktivität. Die wird besonders unterstützt, wenn man darunter noch ein oder zwei durchgehende Linien oder Halbkreise findet. Sind die Halbkreise gespalten und als Teilstücke vorhanden, wird die Aktivität eher sprunghaft auftreten.

Je beweglicher die meist schmalen Handgelenke sind, um so mehr findet man Linien, die Handlungswünsche aufzeigen, aber auch Ungeduld und Nervosität verraten.

Ist der Arm fest mit dem Rumpf verwachsen und eher unbeweglich, werden die Kräfte ruhig, schubweise und nicht so hektisch eingesetzt. Man findet dann weniger Raszetten.

Sind diese Armbänder zum Handrumpf hin leicht nach oben gewölbt, drängt man zur Handlungsintensität. Geht die Wölbung mehr in den Arm hinein, ist das Bedürfnis nach Ruhe, verbunden mit einer gewissen Passivität oder Schwerblütigkeit ausgeprägter.

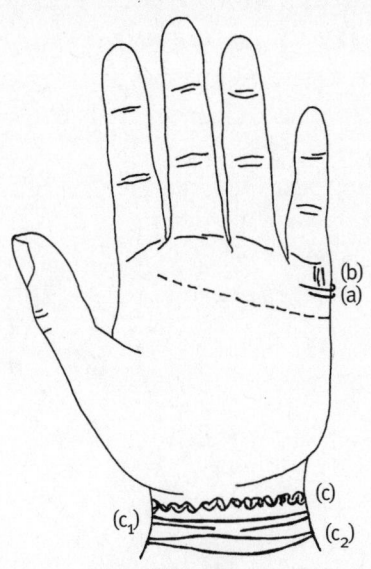

40, 1 a) Kontaktlinien, b) Kinderlinien, c) Raszetten

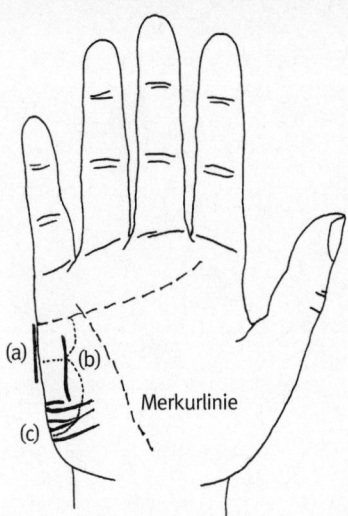

Merkurlinie

40, 2 a) Plutolinie, b) Via
Lasziva, c) Fantasielinien

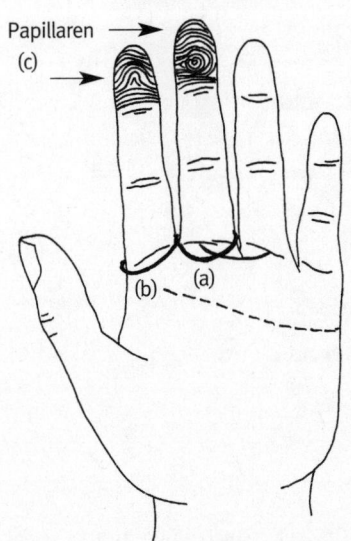

Papillaren
(c)

40, 3 a) Saturnring, b) Jupiterring, c) Papillaren

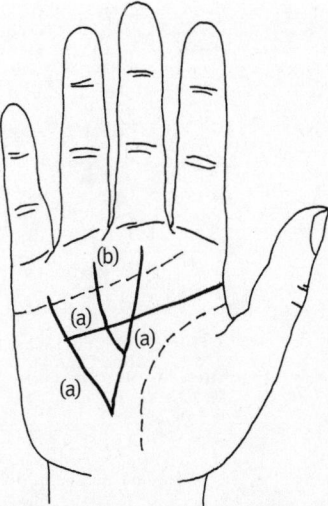

40, 4 a) Auge Gottes aus Saturn-, Kopf-,
Merkur- oder Uranuslinie,
b) Auge Gottes mit Sonnenlinie

Abb. 40: Weitere Nebenlinien

2.2 Plutolinie, Via Lasziva, Fantasielinien

Die *Plutolinie* (Abb. 40, 2a) an der Außenhandkante ist selten. In der Draufsicht ist sie nicht zu sehen, die Abbildung deutet nur an, auf welcher Höhe sie zu erwarten ist. Sie kann irgendwann auftauchen, zwei bis drei Jahre bleiben und wieder verschwinden. Sie zeigt eine Phase der Eigendurchsetzung an, die aber nicht das ganze Leben anhält.

Noch viel seltener ist die so genannte *Via Lasziva* (Abb. 40, 2b). Sie verläuft in der Innenhand kurz vor der Handkante unterhalb der Herzlinie, durch Plutoberg und Mondberg. Der Name ist irreführend, da er eigentlich sexuelle Ausschweifung oder Perversität bedeutet. Ich habe diese Linie nur einmal bei einer sehr zurückhaltenden, allein stehenden Frau gesehen. Sie hatte oft wilde erotische Tagträume. Aber die haben viele Menschen. Falls man diese Linie bei sich entdeckt, sollte sie etwa so gedeutet werden: Die innere Bereitschaft, ja Hörigkeit, sich mit aller Heftigkeit (Plutoberg) und mit ganzer Seele (Mondberg) ohne eigenen Selbstschutz einem Du auszuliefern.

Häufig finden wir die so genannten *Reiselinien* (Abb. 40, 2c), die man heute *Fantasielinien* nennt. Sie münden von der Außenhandkante, also auf der Du-Seite, in den Mondberg. Reiselinien war die Wortwahl für die Sehnsucht der Seele nach neuen Erlebnissen, Begegnungen und Bildern, die von der Außenwelt auf uns einwirken. Heute sind Reisen in alle Erdteile keine Abenteuer mehr. Es waren auch immer die Gemütsbewegungen und Bereicherungen gemeint, die man durch innere Reisen erfährt. Diese Handeigner haben meist eine reiche Fantasie, die ihre Seele beflügelt. Häufig haben sie des Nachts lebhafte Träume und entwickeln oft erstaunliche Klarsicht bei deren Deutung. Manchmal bringen Tagträume aber Illusionen, sogar Ängste hervor.

2.3 Saturnring, Jupiterring, Papillaren

In den Fingerbergen finden wir außer dem Venusgürtel (siehe S. 54 f.) den *Saturnring* (Abb. 40, 3a) und den *Jupiterring* (Abb. 40, 3b). Sie bilden enge Halbkreise oben an den zwei Fingerbergen. (Nicht mit den Beugefalten verwechseln!)

Saturnring: Abkapselung und Verschlossenheit. Man lässt keinen in sich hineinschauen, und geht an Aufgaben und Menschen ernst, gewissenhaft und mit höchster Konzentration heran.

Jupiterring: Hier schließt sich der Halbkreis eng um den Zeigefinger und symbolisiert starke Durchsetzung der eigenen Interessen, aber auch Eigenüberschätzung.

Beide Ringe sind äußerst selten. Sie können zu hohen Leistungen beflügeln und bedeutende Persönlichkeiten kennzeichnen. Sie werden aber meist mit menschlicher Einsamkeit bezahlt.

Papillaren (Abb. 40, 3c) sind die feinen Wirbel, Kreise oder Spiralen an den Fingerkuppen, die man eigentlich nur mit der Lupe sieht. Bei den vielen anderen erkennbaren Aussagen der Hand bleiben sie im Grunde ohne Aussage und sind nur für kriminalistische Fingerabdrücke wichtig.

2.4 Das Auge Gottes

Das *Auge Gottes* ist die schöne Bezeichnung einer Linienfigur und erweckt bei vielen Handeignern den Wunsch: „Das möchte ich haben, das klingt so verheißungsvoll!" Es ist übrigens gar nicht so selten, entweder links oder rechts. Kopf-, Schicksals- und Merkur- oder Uranuslinie sind notwendig, alle drei etwa gleich lang, gerade und nicht zerstückelt (Abb. 40, 4a). Manchmal kommt noch die Sonnenlinie (Abb. 40, 4b) dazu, dann wird das Dreieck eine große und eine kleine Pyramide. Das sind immer Leistungsdreiecke! Verantwortungsbewusstsein (Saturnalis) gepaart mit Denkintensität und pragmatischem Verstand (Kopf- und Merkurlinie), manchmal noch von Idealismus getragen (Sonnenlinie) – das fordert diese Handeigner auf, sich unbedingt und aufgeschlossen allen Aufgaben zu stellen. Geschieht dies zum Besten anderer, dann kann das Auge Gottes zur Gnade und zum Segen für den Handeigner werden. *Links:* Bereicherung für Geist, Herz und Seele. *Rechts:* Ausstrahlung und Wirkung als Vorbild für die Umwelt.

Arbeitsblock VII

Die Außenhand

1. Die Rumpf- und die Fingerhand

Zahlreiche Merkmale und Unterschiede, die wir in der Innenhand kennen gelernt haben, finden wir auch in der Außenhand. Bitte drehen Sie doch ein paarmal Ihre beiden Hände hin und her. Es fällt Ihnen sofort auf: In der Außenhand wirkt der Handrumpf immer kürzer als in der Innenhand. Das liegt an den hoch angesetzten Fingerbergen. Den Unterschied zwischen einer Rumpf- und einer Fingerhand sehen Sie präzise, wenn Sie die Finger locker nach innen kippen: Die Spitze des Apollofingers endet etwa $1^1/2$ cm über der obersten Raszette.

Ist der Abstand zu ihr größer, haben wir es mit einer *Rumpfhand* zu tun. Reicht die Spitze des Fingers tiefer, haben wir eine *Fingerhand*.

Als Faustregel merken Sie sich bitte: Rumpfhände schöpfen Kraft aus der Beharrung. Sie sind überzeugt, dass sie ihnen auch ohne große Hektik zur Verfügung steht.

Fingerhände leben von der Umsetzung, der Beweglichkeit, der anvisierten Zielsetzung. Sie sind überzeugt, dass sie alles nur mit Aktivität und dauerndem Ansporn bewältigen.

Wo sich Rumpf- und Fingerhand die Waage halten, werden sich Phasen der Ruhe mit solchen der Anforderung abwechseln.

2. Fingerknoten

Betrachten Sie nun bitte die Finger Ihrer Außenhand: Grundglied, Mittelglied, Fingerkuppe mit Nägeln. Was über die symbolischen Kräfte von Start, Weg und Ziel gesagt wurde (S. 80 ff.), gilt für Innen- und Außenhand, mit einem Unterschied:

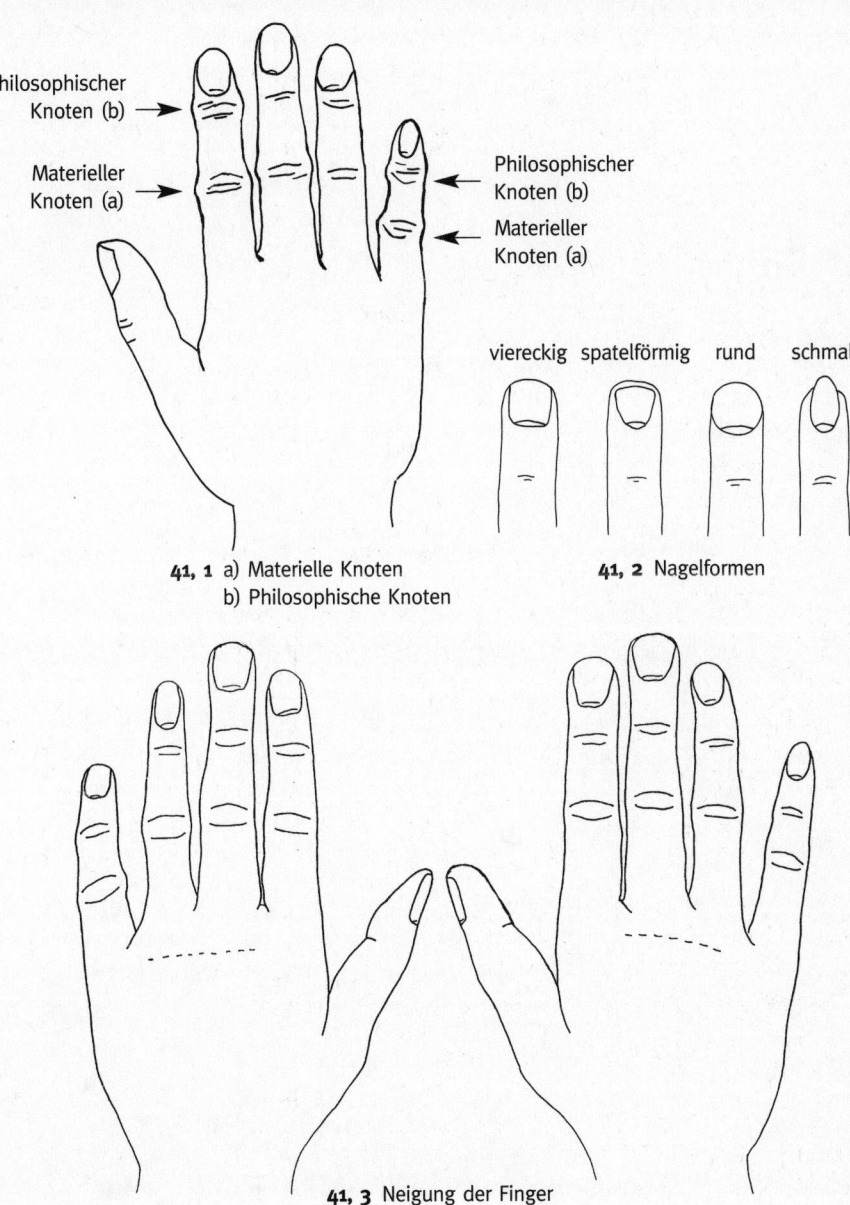

Philosophischer
Knoten (b) →

Materieller
Knoten (a) →

Philosophischer
Knoten (b)

Materieller
Knoten (a)

viereckig spatelförmig rund schmal

41, 1 a) Materielle Knoten
b) Philosophische Knoten

41, 2 Nagelformen

41, 3 Neigung der Finger

Abb. 41: Der Blick auf die Außenhand

In der Außenhand sehen Sie an den Beugefalten manchmal eine knochige Ausbuchtung. Das ist keine Gicht oder Arthrose (man findet das auch in jüngeren Händen). Wir nennen dies *materielle und philosophische Knoten* (Abb. 41, 1).

Knoten sind ein Stau, eine Barriere, eine Verdickung. Der Strom, dessen Aussage der Finger symbolisiert, wird gebremst, blockiert. Beispiel: Ein Handeigner will mit Begabung, großem Idealismus und Fleiß Pianist werden. Der Start gelingt mit Elan. Da stellen sich plötzlich Versagensängste ein, Unkonzentriertheit, Faulheit – alles erklärbare Hemmnisse. Sie werden überwunden, zügig geht das Musikstudium weiter. Kurz vor dem Abschlussexamen und ersten Konzert hat der Handeigner qualvolle Gewissensbisse und Albträume. „Ich liebe die Musik ja gar nicht so, wie ich dachte. Es geht mir ja nur um äußeren Erfolg, Geld, Ruhm – alle meine Ideale sind zerplatzt, ich sollte aufhören!" Und erst nach Überwindung dieses Staus, dieses Knotens, kann der Endspurt mit neuer Kraft erfolgen.

Die ersten erklärbaren, realen Zweifel am Anfang des Berufsweges (unterer Knoten) entsprechen dem materiellen Knoten. Die Eignungs- oder Berufungszweifel kurz vor dem Ziel entsprechen dem philosophischen Knoten. Diese Knoten – als Staus, als Blockaden – sind, falls vorhanden, in die Deutung der Fingerkräfte einzubeziehen.

3. Neigung der Finger

Deutlicher als in der Innenhand sieht man in der Außenhand eine eventuelle Neigung der Finger – fast immer nur an den Fingerkuppen. Wenn sich zwei Finger einander zuneigen, dann sind diese beiden Kräfte innig und lebenslänglich miteinander verbunden. Bitte links und rechts beachten!

In unserem Beispiel (Abb. 41, 3) muss sich die Du-Aufgabe und Du-Erfüllung einer sinnvollen Verpflichtung anpassen, sonst entstehen bei dem Handeigner große innere Konflikte (rechts).

Die eigene Entfaltung in der Außenwelt darf nicht rücksichtslos und allein auf Selbstverwirklichung und Erfolg ausgerichtet sein. Man muss Verantwortung und Pflichten für die Umwelt auf sich nehmen (links).

4. Nagelformen

Ein sehr wichtiges Charaktermerkmal geben uns unsere Nägel. Ordnen Sie nun bitte Ihre Fingernägel in die 4 Grundnagelformen ein, wobei an den einzelnen Fingern sehr oft Unterschiede auftreten (Abb. 41, 2). Wir unterscheiden 4 Formen: viereckig – spatelförmig – rund – schmal.

Der viereckige Nagel

Praktisch und real in der Umsetzung eigener Fähigkeiten. Man weiß, was man sich zutrauen kann, und über- oder unterschätzt sich nicht. Die Nägel sind kurz geschnitten, die empfindlichen Fingerkuppen werden nicht verborgen. Man nimmt so schnell nicht übel.

Der spatelförmige Nagel

Man will Spuren hinterlassen und sich ins Gedächtnis der Umwelt eingraben. Ehrgeiz und eine gewisse Robustheit machen unempfindlich, erfolgreich und risikobereit – aber auch manchmal rücksichtslos.

Der runde Nagel

Er ist recht groß und verrät Lebensgenuss und Anpassungswillen. Man breitet sich aus und eckt nicht an, erreicht aber fast alles, und das ohne erkennbare Mühe.

Der spitze Nagel

Er verrät Sensibilität, Feingefühl und Idealismus – aber auch große Empfindlichkeit und vorsichtiges Abtasten. Überlange Nägel sollen hier sehr oft „wie Krallen" vor inneren Verletzungen schützen. Praktische Alltagsbewältigung ist nicht sehr ausgeprägt – aber das übernehmen oft und gerne robustere Naturen.

Für alle Nägel gilt: Viel Fleisch an den Nagelseiten macht verletzbar gegenüber Bosheit und Nadelstichen, unter denen man sehr leiden kann. Wenig Fleisch an den Nagelseiten verleiht eine gewisse innere Schutzschicht, sogar Dickfelligkeit und macht gegenüber verbalen Angriffen eher unempfindlich.

Arbeitsblock VIII

Die Planetenhände

1. Welche Handform kommt für mich infrage?

Werfen Sie bitte einen Blick auf die Abbildung 42: Zehn verschiedene Handtypen sind hier zu sehen. Sie alle tragen Planetennamen, die Ihnen ja jetzt durch Finger, Berge und Linien vertraut sind. Die Eigenschaften, die man symbolisch Orten und Formen der Hand zuschrieb und die seit altersher von den römischen Gottheiten verkörpert werden (Venusberg, Merkurfinger etc.), hat man auch auf die verschiedenen Handbilder übertragen.

Sie werden nun – bereits mit allen vielfältigen Möglichkeiten vertraut – sehr schnell erkennen, wie anders Hände aussehen können. Sie üben bei sich und anderen am leichtesten, indem Sie Ihre linke Hand – außen und innen – mit den Zeichnungen vergleichen. Und zwar „streichen" Sie die Handtypen, die den Ihrigen völlig konträr sind. z. B. Marshand, Plutohand? Nein. Saturnhand? Nein. Also eher Venushand – oder gar Neptunhand – oder Mondhand? Ja. Oder: Merkurhand? Ja. Eventuell auch Sonnenhand? Und vielleicht Uranushand?

Alle anderen scheiden dann auf den ersten Blick aus. Sehr oft schwankt man zwischen zwei oder drei Abbildungen, die der eigenen Hand ähneln. Da wir fast alle keine reinen Planetentypen sind, haben wir auch von den geschilderten Kennzeichen und Merkmalen eine Mischung. Aber im Laufe der Erfahrung schält sich dann bald heraus, welche symbolische Planetenkraft Ihre Hand prägt. Die näheren Eigenschaften und die Beschreibung werden dann Ihre Erfahrung bestätigen. Zusätzlich kann es eine praktische Orientierungshilfe sein, den Umriss Ihrer linken Hand bei leicht geöffneten Fingern auf einem Blatt Papier festzuhalten.

2. Die Sonnenhand

Außenhand

Die Sonnenhand hat eine mandelförmig-ovale Form. Sie ist mittelgroß bis groß, die Finger sind meist gerade, schlank, aber kräftig. Finger und Rumpfhand halten sich die Waage. Der Ansatz zum Handgelenk ist harmonisch, der Übergang wohlgeformt. Die Beweglichkeit ist leicht, fast elegant und die Gesten der geschlossenen oder offenen Hand sind sehr ausdrucksvoll. Knicken Sie die Finger locker ein: Bei der Sonnenhand wäre charakteristisch, dass der Apollofinger etwa 1 cm über den Raszetten endet. Er ist also besonders lang und damit das sichtbare Merkmal dieser Handform.

Die Haut ist gut durchblutet und glatt, nicht grobkörnig. Die Farbe ist angenehm, starke Adern oder Verfärbungen, auch Leberflecken sind selten.

Die Abspreizung der Finger ist deutlich sichtbar, aber nicht extrem. Daumen und kleiner Finger bleiben in Kontakt zur Handmitte. Der *Daumen* ist gut geformt und kräftig, meist mit mittlerem Ansatz. Er hat im unteren Glied eine Taille, also ein sichtbares Zeichen für die diplomatische Durchsetzung des starken Willens.

Der *Mittelfinger* (Saturn) ist ebenfalls gerade, meist ohne Taille und nur wenig länger als der Sonnenfinger. Oft neigt er sich in der Spitze diesem zu. Die Aufgabe, die Sinngebung des Handeigners ist letztlich auf das Du ausgerichtet. Der *Sonnenfinger* ist sehr gerade und dominant. Ohne Taille fließen die Kräfte in die Spitze ein. Hier im Du hat der Handeigner seine stärksten Impulse.

Sehr oft ist der *Merkurfinger* bei aller Abspreizung zum Du an den Apollofinger angelehnt: Praktisches Denken setzt die Impulse gut um. Man handelt nicht anders als man redet. Dass die alte Spruchweisheit „Ein langer Ringfinger vergoldet alles" – also Reichtum, Ansehen, gute Heirat und Wohlstand – ein Körnchen Wahrheit beinhaltet, ist durchaus möglich. Man liebt solche Menschen, Gaben und Neigungen fließen ihnen zu. Der Merkurfinger ist wohlgebildet und nicht zu klein.

Die großen, leicht gewölbten *Nägel* sind oval, gut gefärbt und haben meist sichtbare Monde. Sie schließen mit der Fingerkuppe ab und

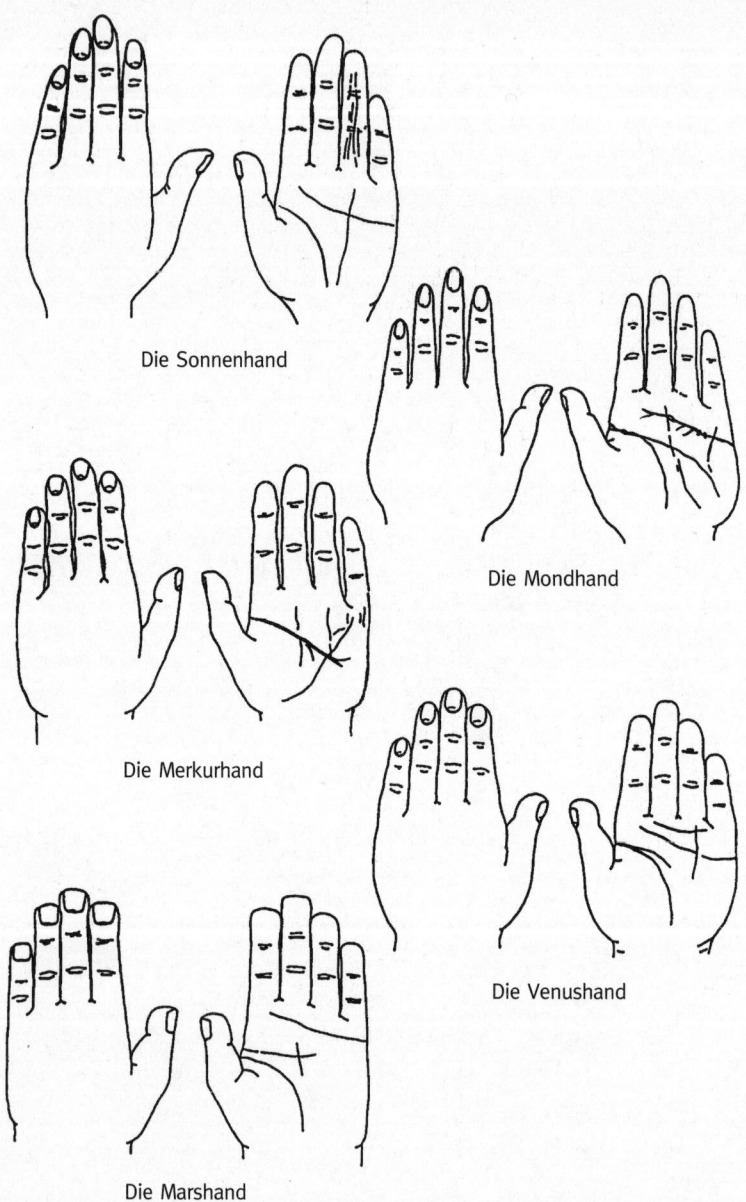

Die Sonnenhand

Die Mondhand

Die Merkurhand

Die Venushand

Die Marshand

Abb. 42: Die Planetenhände

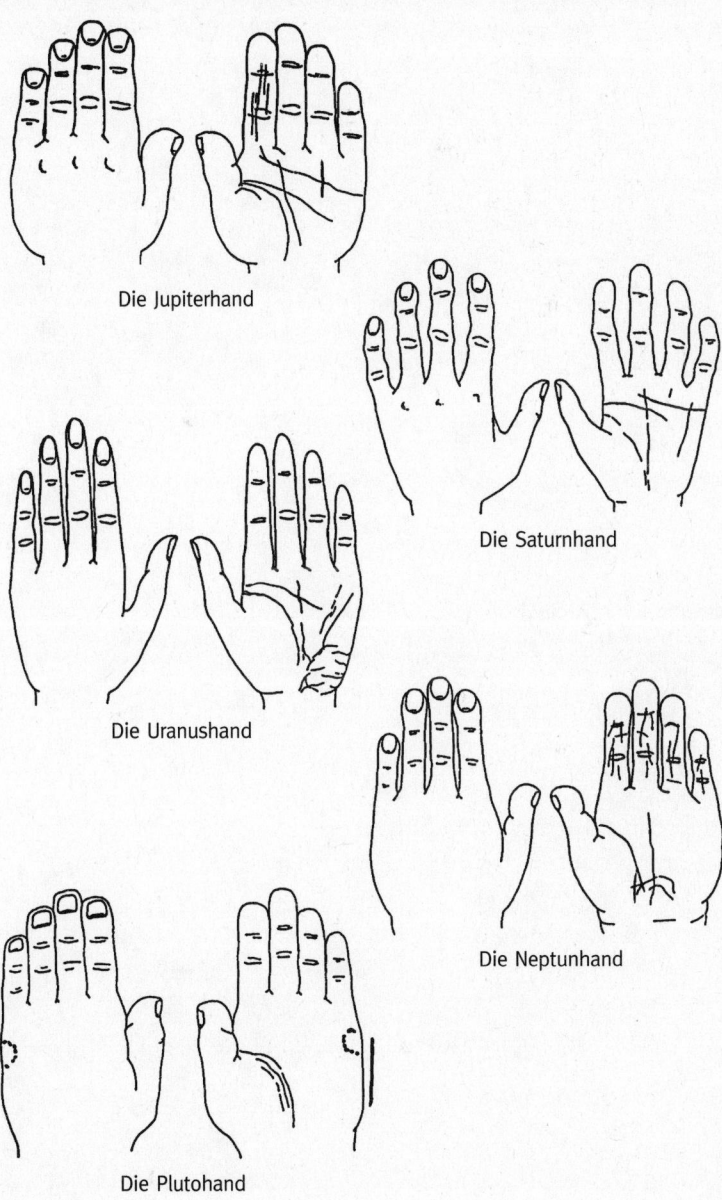

Die Jupiterhand

Die Saturnhand

Die Uranushand

Die Neptunhand

Die Plutohand

Abb. 42: Die Planetenhände

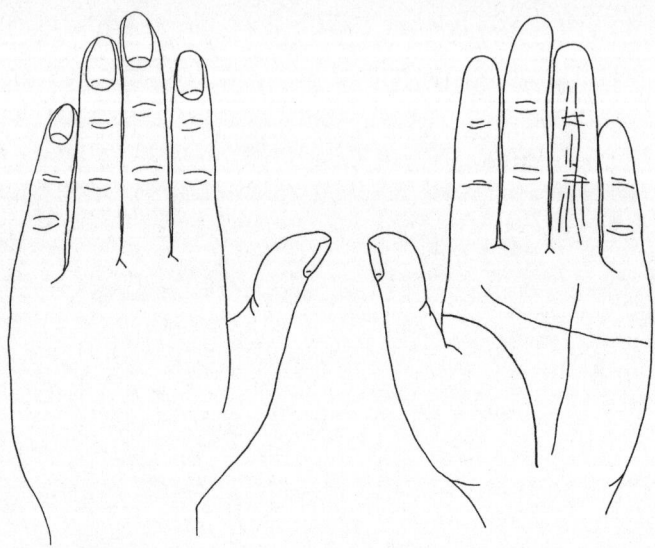

Abb. 43: Die Sonnenhand

haben wenig Fleisch an den Seiten: Die Handeigner sind also nicht überempfindlich gegenüber boshaften Sticheleien.

Innenhand

Dominierend sind *Herz-* und Sonnenlinie. Die Emotionalis ist sehr ausgeprägt und verläuft mit ihren Ästen in den Jupiterberg hinein. Alle Gefühlsströme, alle Herzensanliegen werden aufgenommen und verarbeitet – der Handeigner wächst an ihnen. Freuden und Kümmernisse hinterlassen Spuren. Omen und Zeichen sind zu sehen, Äste und Inseln.

Der Berg unter dem Apollofinger ist deutlich sichtbar, oft sind Saturn- oder Merkurberg mit ihm vereint. Charakteristisch sind die vielen senkrechten Rillen auf den drei Fingergliedern des Sonnenfingers. Es können eine oder zwei gravierend durchgehen.

Die *Sonnenlinie*, die man sehr ausgeprägt vorfindet, kann vom Handberg bis tief in die Hand hinein reichen. Geht sie über die Emotionalis und über die Kopflinie, vereint sie sehr beglückend Gefühls- und Verstandeskräfte für die Aufgabe am Du.

3. Die Mondhand

Außenhand

Die Mondhand hat eine leicht eiförmige Form, noch besser kann man sie mit der Flamme einer Kerze vergleichen. Der kugelige, runde Rumpf läuft in einer schmaleren, ovalen Spitze aus. Da der Handansatz nicht sehr beweglich ist und eher mit dem Arm verwachsen scheint, weist die Mondhand etwas Ruhiges, Geschlossenes, fast Vorsichtiges auf, zumal die Finger wenig abgespreizt sind und auch der Daumen sich anschmiegt. Die Mondhand ist nicht sehr groß, die Finger sind verhältnismäßig zart und kurz. Es ist eine Rumpfhand, deren Betonung, Fülle und Kraft im ausladenden Rumpf liegt. Stark ausgebuchtet erscheint schon auf der Außenhand die Rundung des Venusberges auf dem Daumenballen und ganz deutlich die Wölbung des Mondberges auf der Außenkante der Hand. Die Bewegungen sind tastend, vorsichtig und greifen nicht weit aus. Die Haut ist blass, oft sehr weich und zart.

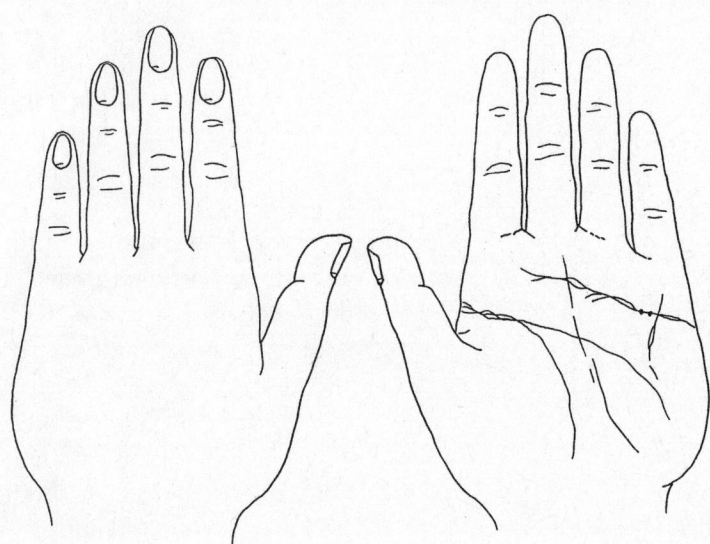

Abb. 44: Die Mondhand

Die schlanken, feinen *Finger* können vor allem im Mittelglied eine Taille aufweisen. Die Durchhaltefähigkeit ist nicht übermäßig ausgeprägt. Der *Daumen* ist eher klein oder kurz. Willensdurchsetzung und Energieantrieb sind als „sanfte Gewalt" vorhanden und sollten nicht unterschätzt werden. Man ist aber keine Kämpfernatur.

Der Sexualtrieb wird sich nicht robust und eigenständig äußern. Gefühl (Venusberg) und Seele müssen beteiligt sein. Der *Merkurfinger* der Kontaktaufnahme und der aktiven Kommunikation zeigt sich zurückhaltend und abwartend, bleibt den anderen Fingern verbunden.

Die Nägel sind klein und oval, sogar schmal und kurz, oft abgebissen. Die Fingerkuppen lassen sich leicht nach außen biegen – ein Zeichen für die innere Bereitschaft sich aufzuopfern, hinzugeben. An den Nagelrändern sieht man viel Fleisch: Verletzbarkeit und Überempfindlichkeit sind häufig.

Innenhand

Die Innenhand zeigen Mondhandeigner nur ungern und bewegen ihre Hände lieber mit kleinen vorsichtigen Gesten nahe am Körper. Sie hat ihre Dominanz in den zwei ausladenden Bergen: Venusberg und vor allem dem Mondberg. Die sind großflächig und rund, prall und fleischig. Die Linien können dagegen zarter sein. Die *Lebenslinie* ist häufig mit der *Kopflinie* verkettet – man ist im Denken und Lernen sowie in der ganzen Weltanschauung lange durch Kindheitsvorbilder aber auch Angstbilder geprägt.

Mondhände gehören häufig Spätentwicklern. Wenn die Kopflinie in den Mondberg mündet, kann sie dort auf Fantasielinien treffen. Dann ist das Denken tief mit der Seele verbunden, sie gibt Antwort auf Fragen. Die Gabe des verstehenden Zuhörens ist zudem ein Geschenk für das Du.

Die *Lebenslinie* bleibt meist im Ich-Bereich. Man braucht viel Kraft für die innere und äußere Bewältigung des Lebensablaufs. Vitale Besitzergreifung des Du ist weniger das Herzensbedürfnis. Liebeskraft und Liebesfähigkeit umfassen den Partner stärker vom Gemüt. Man ist daher zu tiefen Freundschaften fähig. Werden solche Gefühle enttäuscht, kann man sehr leiden.

Die lange *Herzlinie* weist Spuren tiefer Empfindungen auf: Ästchen weisen oft nach unten – manchmal gibt es eine Parallele, Inseln und Nähmaschinenpunkte. Die *Merkurlinie* ist schwächer, oft gar nicht vorhanden. Logisch-pragmatisches Denken wird man bei diesen Handeignern vermissen.

4. Die Merkurhand

Außenhand

Die Merkurhand ist eine häufig anzutreffende Form und leicht zu erkennen, da die Gesamtbreite der Finger etwa der des Rumpfes entspricht. So ergibt sich von Fingern und Rumpf die Gestalt eines schlanken, gleichmäßig betonten Rechtecks. Auffallend ist die gerade Handkante vom Merkurfinger bis zum Handansatz. Ein Zeichen für die praktische Bewältigung – links und rechts. Man kennt durchaus die eigenen Möglichkeiten, die man gut einsetzt. Selten wird man sich überschätzen.

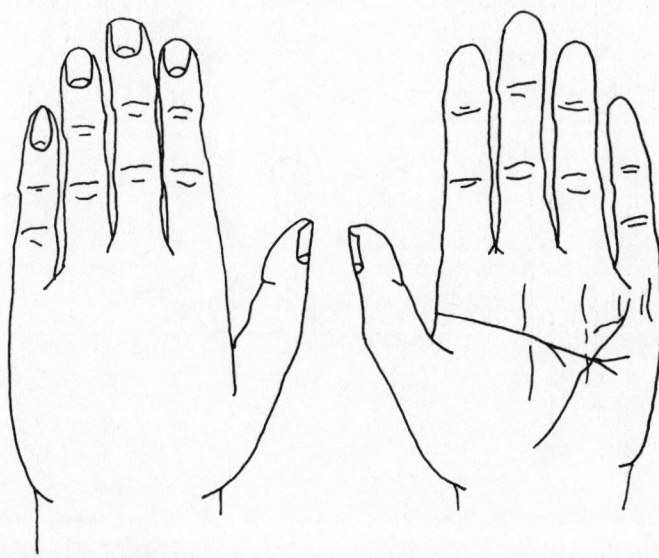

Abb. 45: Die Merkurhand

Der Handansatz endet in schmalen und sehr beweglichen Handgelenken, die beim Sprechen „wedeln". Innen- und Außenhand wechseln ausdrucksvoll und werden mit lebhaften Gesten dem Betrachter gezeigt.

Die Haut ist durchblutet, straff, oft bräunlich, schlank und nervig. Adern und Gelenkknorpel können deutlich sichtbar sein, manchmal in einzelnen Fingern als reale oder philosophische Knoten. Die *Finger* sind schlank und beweglich. Ausgeprägt und ausdrucksvoll, ziemlich lang der *Merkurfinger,* der sich extrem weit abspreizen lässt und damit deutlich die Kommunikation sucht. Gelegentlich neigen sich *Sonnen- und Saturnfinger* in den Spitzen zu ihm hin.

Der *Daumen* lässt sich weit abspreizen, auch durchbiegen. Die Kuppen sind oft abgeflacht. Fast immer finden wir eine Taille. Wille und Energie sowie der Sexualtrieb werden nicht robust und mit Kraft durchgesetzt, sondern mit Diplomatie, Überredungskunst, sogar mit Überrumpelungsgeschick. Die *Nägel* fallen recht unterschiedlich aus. Sehr oft quadratisch, was der Handform entspricht. Weniger oft spatelförmig, eher dagegen spitz oder oval. Vor allem der kleine Finger hat eine spitze Nagelform.

Merkurhandeigner haben eine treffende, mitunter scharfe und pointierte Ausdrucksweise, sodass sich bildlich der kleine Finger in die Schwachstelle bohrt.

Innenhand

Die Innenhand ist oft relativ flach, die Berge sind nicht sehr ausgeprägt. Die Linien sind fein und scharf gezeichnet und gut sichtbar. Die *Merkurlinie* hat mit der Hand zwar ihren Namen gemeinsam, sie ist aber nicht immer vorhanden! Unter dem Merkurfinger findet man auf dem Merkurberg viele kleine senkrechte Linien, die statt einer durchgehenden Merkurlinie das bewegliche Denkvermögen und die praktische Handlungsbereitschaft symbolisieren. Dieser Merkurberg ist unter den eher flachen Bergen der ausgeprägteste. Meist fließt der Sonnenberg noch mit hinein.

Die *Sonnen-* und die *Schicksalslinie* sind in Teilstücken vorhanden oder nicht sehr lang. Künstlerische, religiöse oder soziale Anliegen sind wohl da, aber wenn sie nicht in Aktivitäten umgesetzt werden können, wird das Interesse dafür zeitweilig erlahmen. „Aktivität" bedeutet hier immer eine Form der Kommunikation: Verhandeln, reden, schreiben, organisieren.

Die Beweglichkeit und Behändigkeit des merkurischen Finger- und Handspiels wirkt mitunter auf die Umwelt nervös, rastlos oder zerfahren – aber auch amüsant, anregend und umgänglich. Man stuft die Handeigner allgemein als pflegeleicht ein. Damit werden sie gelegentlich unterschätzt!

5. Die Venushand

Außenhand

Die Venushand wird allgemein als sehr weiblich eingestuft, sie kann aber durchaus auch bei Männern zu finden sein, die nicht als feminin bezeichnet werden. Meist sind es bewegliche, kleine, etwas korpulente Typen. Die Form der Venushand ist rund und fleischig, meist klein – das gibt ihr etwas Weiches, Molliges, Kindliches. Es ist eine Patschhand, eine Streichelhand. Die Haut ist prall und rosig durchblutet. Adern, Knochen oder Sehnen treten nicht hervor. Dadurch und durch eher träge Bewegungen kann so eine Venushand bei Männern und Frauen auf Partner sehr sinnlich und zärtlich wirken.

Der *Daumen* ist kurz und oft tief angesetzt, rund und kräftig. Er lässt sich als einziger Finger gut abspreizen und hat selten eine Taille. Der sinnliche Genuss ist also mit dem Trieb stark verbunden, was die Liebesfähigkeit für die Handeigner beglückend macht. Aktivität und stürmische Angriffe überlässt man allerdings den Partnern und wird lieber verführt.

Die *Finger* sind alle recht gleichmäßig. Der *Mittelfinger* ragt nicht hervor, man findet auch kaum eine Taille. Der *kleine Finger* ist graziös und kokett gebogen, bleibt aber in der Nähe des Sonnenfingers und spreizt sich nicht extrem ab. Die *Nägel* enden wie die Fingerkuppen in einer Rundung. Sie sind oval bis rund, meist kurz geschnitten und gepflegt. Die spatelige oder rechteckige Form ist selten.

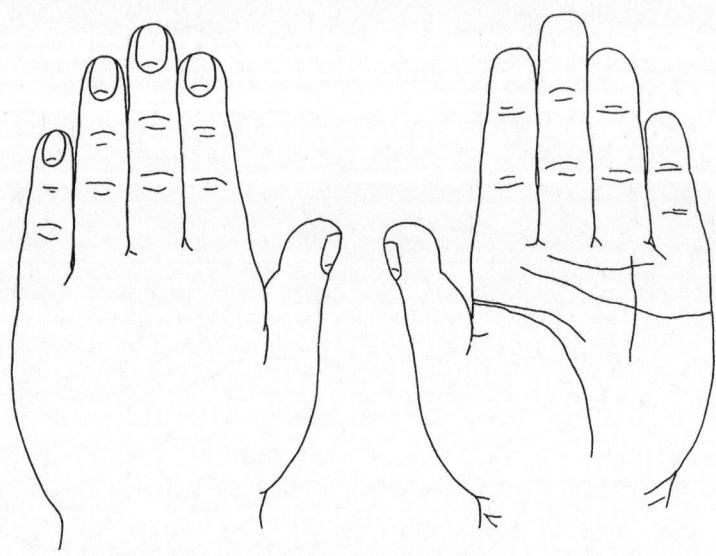

Abb. 46: Die Venushand

Innenhand

Hier fallen besonders die Berge auf. Ein großer, gewölbter Venusberg wird von einer Lebenslinie umschlossen, die nicht selten in den Du-Bereich hineindriftet. Man möchte das Gefühl verströmen. Energie- und Impulslinien sind weniger vorhanden. Ebenso dominant kann der ausladende gewölbte Mondberg sein, der Gemüt und Du-Hinwendung symbolisiert.

Die Linien der Innenhand sind nicht sehr tief eingraviert. Manchmal verlaufen sie zart, rosig und etwas verwaschen. Die *Kopflinie* ist kurz, man findet mitunter nur Teilstücke. Gabelungen können auf den Mondberg hinzielen, erreichen ihn aber nur selten. Die Verstandeskraft wird also keine beherrschende Antriebsfeder sein. Auch die *Merkurlinie* ist kaum vorhanden. Alle Möglichkeiten auf diesen Gebieten sind beruflich vielleicht nicht so erfolgreich, es sei denn, die Kräfte werden für schöpferisch gestaltende, angenehme Aufgaben eingesetzt. Eine oft deutliche *Sonnenlinie* unterstreicht diese Gaben, mehrere kleine Sonnenlinien auf dem Berg sind ebenfalls häufig. Werden sie durch eine oder zwei feine Querlinien vergittert, muss man sich bei den Aufgaben konzentrieren, sonst verzettelt man sich in den Liebhabereien. Ganz dominant ist die bewegte *Emotionalis*. Sie reicht oft tief in die Hand hinein und ist sehr lang.

Der so genannte *Venusring* – vom Jupiter- bis zum Sonnenfinger – ist in der Venushand eigentlich selten, obwohl er diesen Namen trägt. Er ist eine Verdoppelung und Konzentration all dieser Kräfte und fordert zu erhöhtem ideellen Einsatz auf. Das aber ist nicht gerade typisch für diese Handeigner. Der Ring ist daher – wenn – meist nur als Bruchstück vorhanden (siehe S. 54 f.).

6. Die Marshand

Außenhand

Die Marshand wird allgemein als sehr männlich eingestuft. Es gibt sie aber auch bei Frauen, die man aber nicht als maskulin bezeichnen kann. Meist sind sie sportliche, magere, etwas harte Typen. Bei fast geschlossenen Fingern ist die Marshand in der Form fast quadratisch und der viereckige Rumpf dominiert. Die Betonung der Ich-Seite wird durch den wuchtigen *Daumen* und den geraden starken *Jupiterfinger* auffällig. Die Seite mit dem kräftigen, kurzen *Merkurfinger* geht an der Handaußenkante gerade herunter bis zum Handansatz. Das Handgelenk schließt sich unmittelbar an und ist kantig und wenig biegsam. Da die Marshand mittelgroß bis groß ist, sehr kräftig und muskulös, hat man einen sportlich durchtrainierten oder manuell hart arbeitenden Eindruck. Eine gute Durchblutung macht die Haut rötlich-bräunlich. Sie ist auch bei Frauen oft etwas behaart. Die Hand kann zupacken aber auch zuschlagen. Dementsprechend kann man etwas ängstlich zurückschrecken, andererseits aber von der elementaren Wirkung sexuell stark angezogen werden.

Der *Daumen* ist nicht allzu lang, aber prall und kräftig. Da der Daumen auch die Sexualkraft symbolisiert, wird der Marshand auf diesem Gebiet besondere Aktivität zugeschrieben. Eine Taille ist nicht vorhanden, die Fingerkuppe hat die Form einer Beere: Eine robuste (nicht rohe!) Durchsetzung von Energie und Antrieb. Die *Finger* sind alle ge-

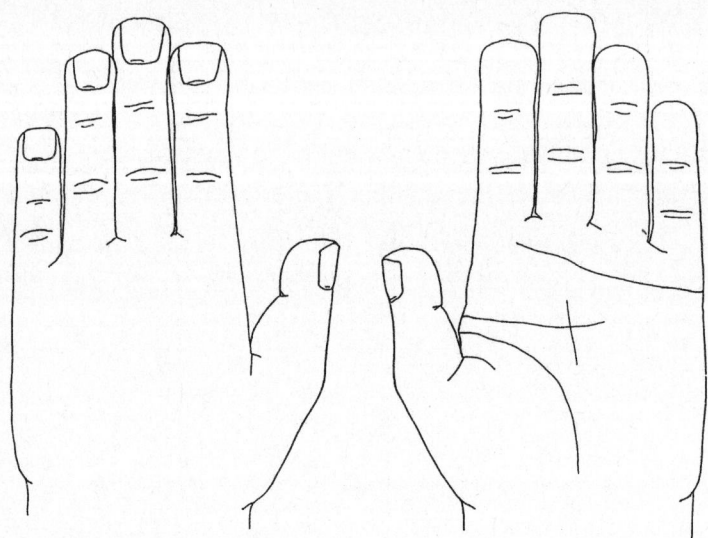

Abb. 47: Die Marshand

rade, Jupiter-, Saturn- und Sonnenfinger schließen ohne auffällige Größenunterschiede die Hand ab.

Die *Nägel* zeigen fast immer Spatelform – gelegentlich bei allen Fingern. Oder sie sind praktisch-quadratisch geformt. Der Ehrgeiz, Spuren zu hinterlassen, ist bei diesen Handeignern ausgeprägt. Dadurch sind sie auch zu großen Leistungen befähigt: Pioniere mit realem Einsatz. Gelegentlich – und darauf sollte man achten – ist bei den Spatelnägeln an den Seiten ziemlich viel Fleisch sichtbar. Die heimliche Empfindlichkeit, Gekränktheit oder Verletzbarkeit ist oft größer, als man denkt. Sie äußert sich aber in aufbrausender Reaktion, in Jähzorn, auch Wut.

Innenhand

Die Innenhand hat feste, aber keine hohen Berge. Meistens dominiert der Venusberg. Die *Lebenslinie* kann ihn in weitem Bogen umspannen. Man will an das Du heran. Der Marsberg zwischen Daumen und Daumenballen ist deutlich erhöht, Energielinien findet man vorwiegend in der oberen Ballenhälfte.

Die *Kopflinie* ist weniger dominant. Sie mündet in der Zielrichtung eher in den Plutoberg, nicht in den Mondberg. Die *Herzlinie* ist recht gerade und verläuft direkt unter den Fingerbergen. Sie wölbt sich also nicht in die Hand hinein. Die Emotionen sind nicht überschwänglich. Himmelhoch jauchzend und zu Tode betrübt, das findet man einfach übertrieben.

Die *Saturnlinie* ist schwach, oft kaum vorhanden. Ein Annehmen des Schicksals, einen tieferen Sinn im Ertragen von Leid zu finden, kann man kaum erwarten.

7. Die Jupiterhand

Außenhand

Die Jupiterhand wirkt ausladend und groß – auch wenn sie gar nicht so groß ist. Nach allen Seiten sich leicht verbreiternd ist sie ein großes, eher rundes Oval. Man könnte von einer Bauernhand sprechen. Rumpf und Finger sind fest und muskulös. Beide Hälften halten sich die Waage, auch wenn die Hand eher rumpfbetont erscheint. Das liegt an dem Handgelenkansatz, der ziemlich gleichmäßig aus dem festen und starken Arm herauswächst. Die Haut ist fleischig und gut durchblutet, oft wie der Arm mit feinen Härchen besetzt. Sie fühlt sich warm an und wirkt daher vertrauenerweckend, beschützend, sogar zärtlich.

Der Rumpf wölbt sich zum Daumen hin wuchtig aus, ebenso auf der Außenkante zum Mondberg. Der kräftige, breite und runde Daumen schmiegt sich an den *Jupiterfinger* an. Dieser hat keine Taille, und man spürt die starke Vitalkraft, die er symbolisiert. Die runde Daumenkuppe hat eine große Beere und lässt die ziemlich ungehemmte Durchsetzung von Trieb- und Willenskräften ahnen.

Betont ist die Ich-Seite der Hand durch diesen Daumen und einen mächtigen, geraden *Jupiterfinger*. Hier zeigen sich Durchsetzung, Selbstbehauptung, Stolz, auch Eitelkeit ziemlich ungeniert. Der *Saturnfinger* ist kaum länger – der Sinn und die Aufgabe des Lebens sind also eng mit dem Wunsch nach Selbstverwirklichung, Führung und Anerkennung verbunden. Der *Sonnenfinger* ist ebenfalls rund und gerade. Für das Du und seine Aufgabe in allen Bereichen ist man durchaus da

– die anderen dürfen nur die Anerkennung nicht verweigern! Das spornt die Kräfte an. Der *Merkurfinger* ordnet sich unter und schmiegt sich an. Die Finger haben kaum Knoten und selten eine Taille. Alle Kräfte können gut einzeln abberufen werden.

Die *Nägel* sind unterschiedlich, überwiegend rund und groß, aber man findet auch die Spatelform. Die Fingerkuppen sind insgesamt beerenförmig.

Innenhand

In der Innenhand fallen wuchtige Berge auf. Das gut gepolsterte, runde Aussehen flößt Vertrauen ein. Man möchte gerne die eigene Hand hineinlegen. Die Betonung der Ich-Seite wird im Rumpf stark unterstrichen. Der mächtige *Daumen* geht in den großen Venusberg ein. Der Marsberg ist ausgeprägt, und der Berg unter dem Jupiterfinger scheint enorme Reserven zu haben. Aber in dieser Hand ist auch die Du-Seite sehr dominant! Der Mondberg wölbt sich stark nach außen und zeigt viel Gemüt für das Du.

Auffallend sind die senkrechten Rillen auf dem *Zeigefinger,* damit die Selbstbehauptungsenergien verstärkend. Oft geht eine deutliche Linie durch alle drei Fingerglieder. Diese so genannte Linie der Unzucht zeigt die vitalen Ansprüche deutlich an.

Besonders hervorstechend ist die lange *Herzlinie,* die Wellen oder Verdoppelungen aufweisen kann, auch Ästchen und meist Endzweige im Jupiterberg. Alle Gefühlserlebnisse tragen viel zur Bildung der Persönlichkeit bei. Die *Saturnlinie* kann vorhanden sein. Manchmal nur als Teilstück, aber sie entspringt dicht am Jupiterberg, der meistens den Saturnberg aufgesaugt hat. Die *Lebenslinie* läuft fast immer ohne Unterbrechung um den Daumenballen herum, bleibt manchmal sogar im Ich-Bereich. Denn die Lebensintensität will voll ausgenutzt werden – nicht ohne Egoismus und für eigene Bedürfnisse. Die *Kopflinie* muss nicht allzu lang sein.

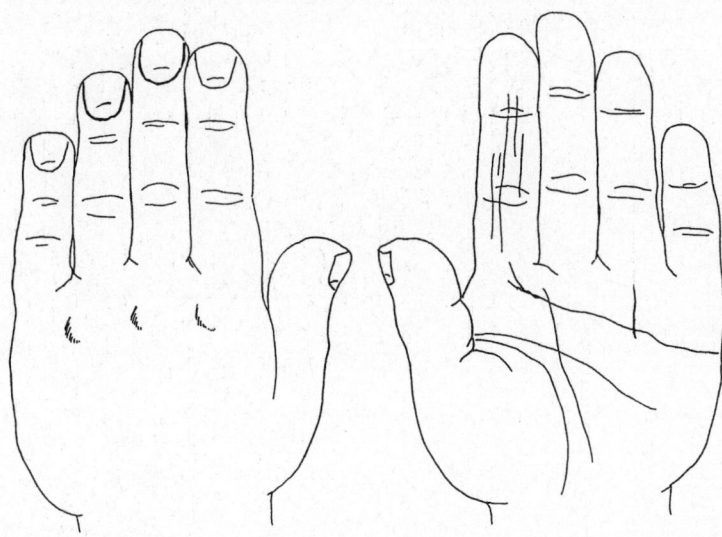

Abb. 48: Die Jupiterhand

8. Die Saturnhand

Außenhand

Die Saturnhand erscheint auf den ersten Blick alt. Aber es gibt viele jüngere Menschen, die diese Handform aufweisen. Das Bemerkenswerte ist der eckige, oft spatelförmige Rumpf. Das Handgelenk wächst aus einem schmalen, mageren Arm heraus. Die breiteste Stelle ist die Knöchellinie, die deutlich hervortritt. Die Hand wirkt lang, weil die Finger sehr schlank und sehnig sind, Fingerknoten sind fast immer vorhanden. So ist diese Form immer eine Fingerhand.

Schon die oft harten und spitzen Fingerknöchel zeigen, dass man sich nicht schont und keiner Anforderung ausweicht. Der lange, dominante *Mittelfinger* steht für die Durchsetzung von Pflicht, Ernst und Aufgabe und Verantwortung. Fast alle Grundglieder der Finger haben schon eine Taille, ebenso wie die Mittelglieder. Knoten zeigen vielfach an, dass man auf der Wegstrecke vom Start zum Ziel mit Schwierigkeiten und Engpässen rechnen muss. Fast alle Fingerkuppen peilen aber im Endspurt

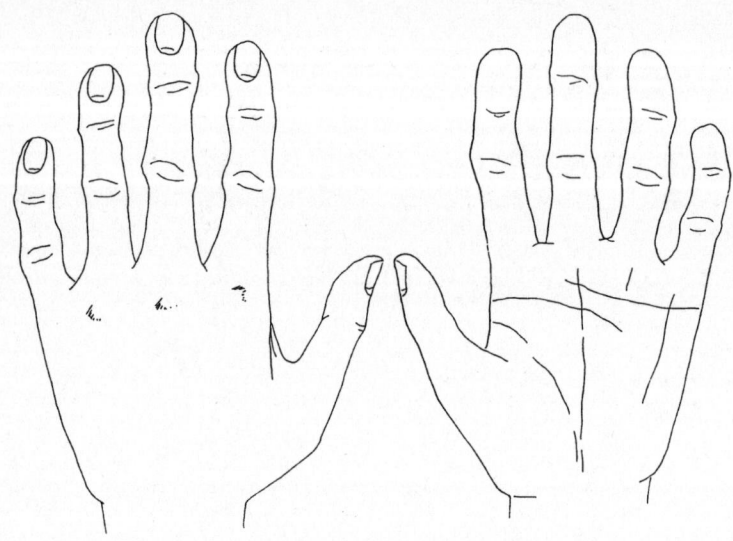

Abb. 49: Die Saturnhand

die Erreichung ihrer Ziele an. Der *Daumen* ist knochig, knotig, eher lang und ohne Beere. Trieb und Wille werden mit Zähigkeit, Beharrlichkeit und verdeckter Energie gemeistert, weniger mit Elan und Vitalität. Aber die Länge des Daumens ist eine Erfolgsgewähr!

Der *Zeigefinger* der Eigenentfaltung ordnet sich der Pflicht und der Aufgabe unter und das Du des *Apollofingers* ist in allen seinen Bereichen ebenfalls der Sinngebung und dem Ernst des Lebens angemessen. Pragmatisches Handeln, praktisches Denken gehen mit dem *Merkurfinger* keine Eigenwege, bleiben bei den anderen Fingern, grübelnd, vorsichtig und oft sehr sparsam.

Die *Nägel* sind länglich, schmal, sie müssen durchaus nicht spatelförmig sein. Meist sind sie flach – man schützt sich vor allzu leicht eindringenden Empfindungen.

Innenhand

Die Berge sind hier eher flach, dafür übernehmen die Fingerrillen den Transport von Energien. Die Handinnenfläche ist sehnig, nicht fleischig. Die Linien sind nicht allzu ausgeprägt, meist fein gezeichnet. Die *Saturnlinie* dominiert. Sie geht meist durch die ganze Hand, kann aber zwei- bis dreimal unterbrochen sein. Der Weg vom Ich zum Du ist also nicht so leicht begehbar. Daher bleibt die *Lebenslinie* häufig im Ich-Bereich, ist nicht allzu lang und oft zerstückelt. Die *Kopflinie* ist hoch angesetzt, kaum verkettet. Die Verstandesintensität ist an klaren Richtlinien orientiert. Die eher kurze *Herzlinie* verläuft dicht unter den Fingerbergen. Man geht Emotionen scheu, verhalten, abwehrend aus dem Weg und versucht, sie in den Schicksalsablauf einzuordnen.

Sehr häufig ist eine gut ausgebildete *Merkurlinie,* die zeigt, dass man den praktisch-pragmatischen Alltag meistert. Die *Sonnenlinie* ist oft gar nicht vorhanden oder recht unbedeutend. Künstlerische oder esoterische Anliegen wirken sich kaum gravierend aus. Allerdings ist ein Annehmen des Schicksals, eine Einfügung in schwere Gegebenheiten mit einer tiefen Gottgläubigkeit verbunden.

9. Die Uranushand

Außenhand

Die Uranushand ist eine ausgesprochene Fingerhand. Der Gesamteindruck ist schmal, leicht oval, da der Handrumpf sich vom Handansatz bis zu den Knöcheln etwas verbreitert. Er wächst aus einem schlanken und beweglichen Handgelenk heraus. Uranushände gehören zu den „Wedlern". Die Gesten sind geschmeidig und ausdrucksvoll, nicht ganz so hektisch wie bei den Merkurhänden, mit denen sie eine gewisse Ähnlichkeit haben. Auch mit Sonnenhänden könnte man sie vergleichen.

Der *Daumen* ist mittelhoch angesetzt, sehr lang und schlank. Die Fingerkuppen abgeflacht. Trieb und Willensenergie werden gezielt eingesetzt und geben dem Handeigner auf diesem Gebiet eine gewisse souveräne Zähigkeit.

Der ausgewogene *Mittelfinger* ist lang, *Jupiter-* und *Sonnenfinger* halten sich die Waage. Der *Merkurfinger* lässt sich – wie der Daumen – gut

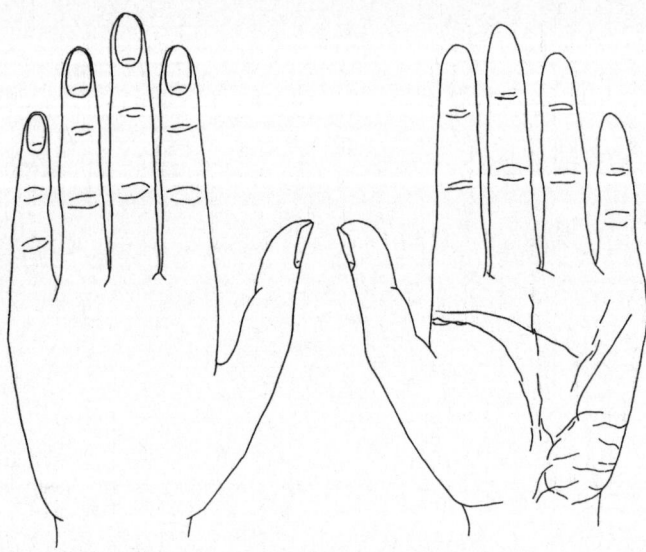

Abb. 50: Die Uranushand

abspreizen, bleibt aber in den Bewegungen der Hand verbunden. Die Fingerbetonung wird durch große, ovale bis spitze Nägel verstärkt, die eher flach auf den Kuppen liegen.

Innenhand

Die Innenhandfläche ist flach, aber muskulös, die Berge ragen nicht stark hervor. Dominanz hat der Merkurberg, er ist häufig mit dem Sonnenberg verbunden. Sonst übernehmen meistens die Fingerrillen den Transport der Kräfte. Viele Linien sind vorhanden, oft fein gezeichnet und schwer erkennbar.

Die *Lebenslinie* braucht nicht lang zu sein, wird aber von etlichen Energielinien gespeist. Zäsuren und Parallelen sind vorhanden. Das gilt auch für die *Schicksalslinie,* die eigentlich immer – oft in Teilstücken – zu finden ist. Einer ihrer Zweige zielt oder mündet in den *Uranusberg.* Der weist immer Linien auf! Manchmal mehrere kurze, von der Handkante oder der Handwurzel ausgehend. Öfter eine längere, die mit Unterbrechungen zum Merkurberg zielt. Die *Merkurlinie* muss nicht vorhanden sein. Dann hat die *Uranuslinie* ihren Platz eingenommen und das pragmatische Denken und Handeln wird von viel Einfallskraft und spontanen Entscheidungen geprägt.

Herzlinie, Venus- und *Mondberg,* die Gefühls- und Gemütsanzeiger, treten etwas in den Hintergrund. Natürlich sind sie vorhanden, aber sie sind nicht die Lebensantriebe. Unter den Handeignern dieses Typs findet man oft Workaholics. Und diese Besessenheit kann zu enormen Leistungen befähigen. Partner sollten das wissen und akzeptieren, wenn die uranische Faszination so eines Gegenübers sie verzaubert hat!

10. Die Neptunhand

Außenhand

Die Neptunhand ist in ihrer reinen Form sehr selten. Fast immer ist sie in ihren Eigenschaften die Verstärkung einer Mondhand. Auch die Venushand hat etliche Grundprägungen mit ihr gemeinsam. Wer also die Neptunhandform bei sich erkennt, sollte auch bei Mond- und Venus-

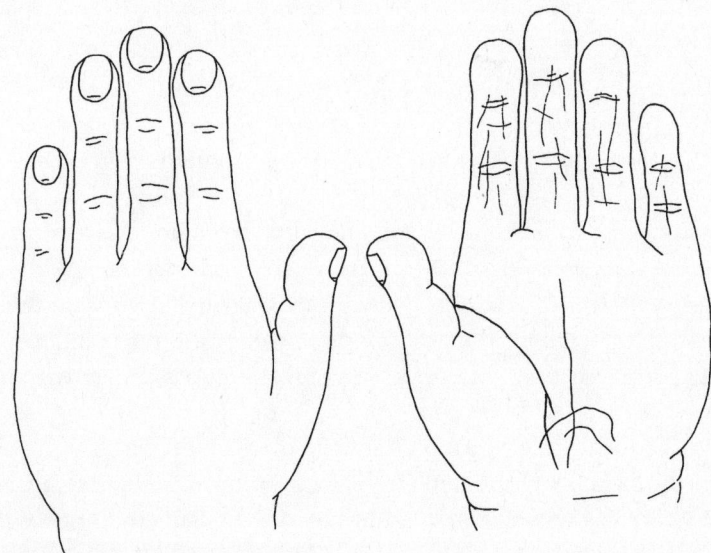

Abb. 51: Die Neptunhand

hand nach Ähnlichkeiten suchen. Betont ist hier der Rumpf, der größer und breiter ist als die Finger. Ausladend an der Handkante als Mondberg, und auch der Daumenballen zeigt sich schon in der Außenhand als sehr groß und gewölbt. Die kurzen, oft sehr dünnen Finger wirken tastend, schmal, sie haben Taillen und liegen eng aneinander. Das Auffällige sind die Fingerkuppen, die sich fast alle mit den runden Nägeln verbreitern. An einigen Fingern sieht man Fingerbeeren.

Die Haut ist zart, weiß, oft weich und nicht muskulös. Die Hand wächst aus einem runden, fülligen Arm heraus. Die Bewegungen sind eher tastend, behutsam, vorsichtig. Selten sieht man die Innenhand. Die gewölbten *Nägel* sind blass in der Färbung, man sieht das Fleisch an beiden Seiten – ein Zeichen für die hohe Empfindlichkeit und das Witterungsvermögen dieser Handeigner. Man braucht viel Vertrauen, um sich zu offenbaren.

Der kurze, eng anliegende *Daumen* zeigt seine Kräfte eher verdeckt, ja gehemmt. Der ebenfalls recht kurze kleine *Merkurfinger* weist darauf hin, dass die praktische reale Alltagsbewältigung nicht so stark entwickelt ist. Das kann zu Schüchternheit führen. Die drei mittleren Finger sind gleichmäßig lang und zeigen Harmonie in Ich-Entfaltung, Lebensaufgabe und Du-Hinwendung an.

Innenhand

Die Innenhand ist weich, mit Bergen, die oft ineinander greifen. Ausgeprägt sind Mond- und Venusberg. Die Linien können etwas verwaschen sein und zerfließen – scharf gezeichnet sind sie nicht. Die *Saturnalis* allerdings ist oft sehr lang und kreuzt die eine oder andere *Neptunlinie*. Die findet man im Neptunbereich manchmal zwei- oder dreifach. Wenn sie sich zu einem Bogen nach oben wölbt, kann der Instinkt oder auch die Angst stark mit dem Schicksalsablauf zusammenhängen.

Alle Linien sind schwer einzuordnen. Man sollte unbedingt die andere Hand betrachten, wenn man damit nicht gut zurechtkommt.

Die zahlreichen Fingerrillen sind fein und dünn, sie laufen allerdings manchmal etwas wirr nebeneinander her. Querrillen sind auch vorhanden. Die Umsetzung der Kräfte geht nicht so fließend voran, wie der Instinkt es möchte.

Die Behutsamkeit dieser Hand kann sehr beruhigend und wohltuend wirken, tröstend und vielleicht sogar heilend. Übersinnliche Kräfte sollte man hier aber nicht von vornherein vermuten.

11. Die Plutohand

Außenhand

Die Plutohand ist in ihrer reinen Form selten. Fast immer ist sie die Verstärkung einer Marshand. Wer also diese Grundform bei sich oder anderen erkennt, sollte auch einmal bei der Marshand nach Ähnlichkeiten suchen.

Der Gesamteindruck ist kräftig, gedrungen, fast klobig. Es ist eine Rumpfhand, in der die Finger sehr kurz ausfallen.

Die Haut ist fest, oft rötlich-braun, gelegentlich behaart. Die Finger alle rund, kräftig, kurz und ohne Taille. Sie liegen eng an, lassen sich wenig abspreizen, manche wirken wulstig. Extrem ist der kurze starke *Daumen,* der recht hoch angesetzt ist. Dadurch ist er mit dem *Zeigefin-*

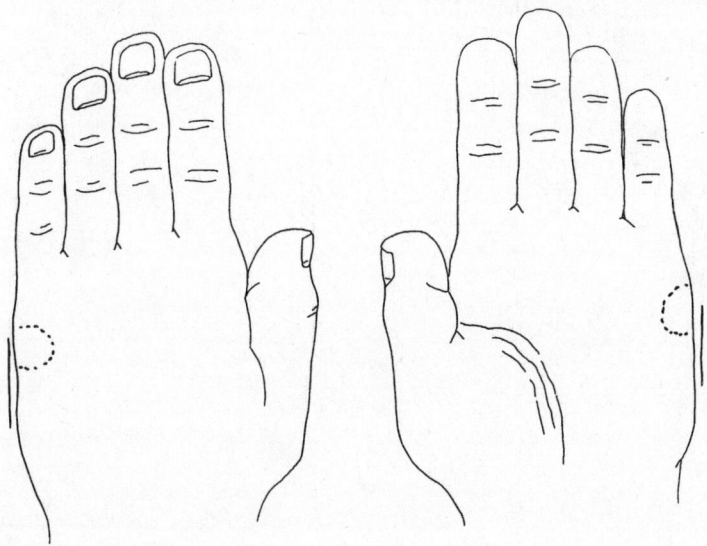

Abb. 52: Die Plutohand

ger verbunden, der ebenfalls massiv wirkt. Die Ich-Betonung der Hand wird dadurch unterstützt. Wille und Trieb sind robust, allerdings werden die Energien nicht allzu sehr aktiviert. Eine gewisse Trägheit in den Gesten und dadurch in der Ausübung aller den Fingern zugeschriebenen Eigenschaften ist häufig vorhanden. Bei den *Nägeln* findet man die quadratische, selten die ovale oder runde Form, an einigen Fingern können Spatelnägel sichtbar sein. Da wäre dann eine Beweglichkeit, ja Ehrgeiz vorhanden.

Innenhand

Die Innenhand ist fleischig, bergig, die Linien oft verwaschen und nicht so ausgeprägt. Auffallend ist der riesige Daumenballen des Venusberges. Es ist also ein Liebesbedürfnis vorhanden. Wenn es geweckt und erwidert wird, können starke Besitz- und Beschützerwünsche vom Handeigner ausgehen.

Von den Linien ist die *Lebenslinie* die dominanteste. Sie kann Unterbrechungen oder eine Parallele aufweisen. Öfter ist die Protektionslinie vorhanden – die Handeigner meinen jedoch, dass sie alles aus eigener Kraft geleistet hätten. Möglicherweise ist die *Plutolinie* vorhanden – sie verläuft senkrecht an der Außenhandkante. Sie kann zeitweise auftauchen, aber dann ist sie ein Zeichen für einen Aktivitätsschub mit Eigendurchsetzung. Eine Seminarteilnehmerin von 72 Jahren machte mit dieser überraschend aufgetauchten Linie nach 50 Ehejahren, Kindererziehung und aufopfernden Pflegediensten nach Abschluss dieser Lebensphase mit großem Elan den Führerschein und kaufte sich ein Auto!

Arbeitsblock IX

1. Der Zeitschlüssel

1.1 Wie funktioniert der Zeitschlüssel?

Es sei auf die Möglichkeit hingewiesen, an unseren drei Hauptlinien einen Zeitschlüssel anzulegen, um die großen Lebens- und Entwicklungsabschnitte gliedern zu können (ausführliche Beschreibung in „Handdeutung – schnell und leicht").

Sie machen bitte einige Handabdrücke links und rechts an einem normalen Kopierer und ziehen nun Ihre drei Hauptlinien gut sichtbar mit Bleistift nach. Jetzt verlängern Sie alle drei Linien auf die heutige normale Lebenserwartung von etwa 80 Jahren, auch wenn Ihre eigenen Linien kürzer sind. (Nehmen Sie das Muster von S. 23 wegen der Länge!) Natürlich können wir alle viel früher sterben, aber ebenso auch noch älter werden. Der Tod steht nicht in der Hand – bitte lesen Sie nochmals auf S. 24 f. Und so, wie wir alle Altersversorgung, Rente, Kranken- und Lebensversicherungen einkalkulieren, so tun wir dies nun auch bei der Handanalyse mit der möglichen Lebensdauer.

Die so verlängerten Linien teilen Sie in vier gleich lange Abschnitte: 20 – 40 – 60 – 80 Jahre und markieren das mit Farbstift in der Kopie und möglichst auch in Ihrer Lebendhand.

Sie kennen nun ja alles, was Sie schon auf Ihrer Lebenslinie festgestellt haben, und zwar links und rechts: Länge, Abbruch, Inseln, verkettete Linie, Verdoppelung usw., und Sie wissen, was das in der Aussage bedeutet.

Versuchen Sie nun, Ihre Lebensabschnitte und die jeweiligen Ereignisse in dieser Zeitspanne zu erkennen.

Fangen Sie bei dem Zeitabschnitt an, den Sie momentan gut überschauen können: Wenn Sie 33 sind, sehen Sie sich den ersten und zweiten Abschnitt genauer an, wenn Sie 55 sind, die Spanne zwischen 40 und 60 und gehen danach mit den Fakten in Ihrer Erinnerung zurück. Achtung!! Das Hochzeitsdatum ist sicher nicht der Beginn Ihrer Liebe gewesen. Die Hand ist kein Kalender. Wann war die entscheidende Begegnung? Wohnungswechsel oder ein gebrochener Arm brauchen keine Spuren hinterlassen zu haben! Aber vielleicht die Scheidung der Eltern, ein Sitzenbleiben in der Schule? Was hat Sie innerlich bewegt – nach außen merkte es niemand!

Und welche Abschnitte im äußeren Lebensablauf waren gravierend – und innerlich hat Sie das gar nicht so berührt?

Das Gleiche wie bei der Lebenslinie machen Sie nun bei der eventuell verlängerten *Kopflinie.* Hier teilen Sie ein in Lern- und Schulzeiten, Studium, Ausbildung, Beruf, Umschulung, Berufsende.

Bei der – auch eventuell verlängerten – *Herzlinie:* Jeweils 4 Phasen mit glücklichen bewegenden oder traurigen Gefühlserlebnissen.

Und es geht immer nur um Ihre Hand, Ihr Leben, wie Sie etwas verarbeitet haben – nicht um das Schicksal von Angehörigen, sondern ob Sie davon betroffen waren.

1.2 Ein fiktives Beispiel

In unserer Abbildung 53a) sehen Sie die fiktive Einteilung einer *linken* Hand. Die gestrichelte Linienfortsetzung wären die Linien, die auf 80 Jahre verlängert werden.

In der Abbildung 53b) betrachten wir nun das Beispiel einer *rechten* Hand.

Deutliche Trennung von Lebens- und Kopflinie. Bis zum 20. Lebensjahr sind in der Lebensintensität (1) keine besonderen Spuren. Auch das recht selbstständige Verstandesdenken (2) war bis dahin gleichmäßig und im normalen schulischen Ablauf. Zur gleichen Zeit (bis 20) hatte die Handeignerin ein bewegtes Gefühlsleben (3), Freude und Kümmernisse in lebhaftem Wechsel. Um 20 herum sind Einschnitte zu verzeichnen. Die Verstandesintensität bekommt einen Zweig nach oben: Beginn eines Studiums, einer Ausbildung oder Antritt des Berufslebens mit sehr positiven fördernden Impulsen. Gleichzeitig muss aber emo-

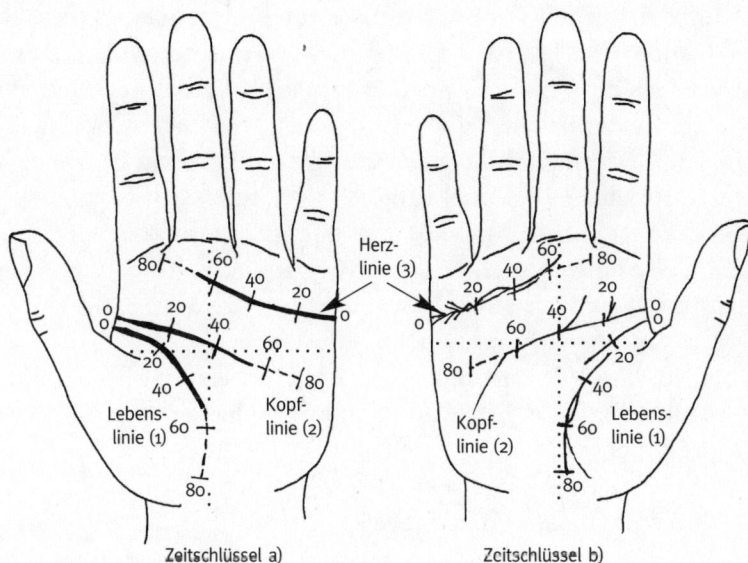

Zeitschlüssel a) Zeitschlüssel b)

Abb. 53: Der Zeitschlüssel

tional eine Trennung, eine Enttäuschung (Liebe?) stattgefunden haben. Nach den stark gefühlsbetonten ersten 20 Jahren ist nun auf diesem Gebiet (3) eine Pause, man hat dafür keine Zeit oder kein Echo – runde 10 Jahre ohne besonderes Gefühlsengagement, während Beruf, Studium, stetig weitergehen, ja sogar mit etwa 38 Jahren noch einen steilen Auftrieb bekommen (Beförderung, Versetzung etc., (2)).

In der Lebensintensität, der Lebensausrichtung (1) ist so ab 25 eine Umorientierung, die sich allmählich auswirkt: Man entfernt sich von bisherigen Gewohnheiten und Zielen, man wird allmählich „anders", verändert sich zum Esoteriker, wird Vegetarier oder orientiert sich an anderer Religion und konvertiert, wird z. B. Buddhist. Oder: Man macht daneben eine weiterführende Ausbildung, die den Lebensrhythmus verändert. Es kann aber auch eine allmähliche Ablösung sein: von den Eltern, der Familie, der Partnerschaft, die nicht so erfüllt war.

Das würde zeitlich mit der Herzlinie (3) übereinstimmen, mit der Insel zwischen 30 bis 40 Jahren. Neuer, verdoppelter Gefühlsimpuls etwa ab 35.

Dieser starke neue Impuls oder die Umorientierung machen sich mit etwa 38 Jahren in der Verstandesintensität (2) bemerkbar. Zu dieser Zeit verlöscht auch der bis dahin noch laufende Strang der Lebenslinie (1). Die neue Lebensintensität, die sich seit dem 25. Lebensjahr allmählich abzeichnete, hat nun absolut und unbeirrt die Führung übernommen. Ab 50 bis 60 Jahren eine Insel auf dieser Vitalis: Vielleicht verlassen die Kinder das Haus, allmähliche Vorbereitung auf das Berufsende, auch Ruhe und Besinnung in einer Rekonvaleszenzzeit. Ab 60 dann neuer Kraftzustrom, der sich ab 70 noch intensiver gefühlsmäßig auswirkt. (Zweig in Venusberg: Enkel, soziale Aufgaben etc.)

In der Kopflinie (2) um 60 herum möglicherweise mit Berufsende ein vertieftes intuitives Begreifen aller Zusammenhänge, neue Ansichten, neues Hobby, neues Lernen. (Uni des 3. Lebensalters, Einstieg in ehrenamtliche Pflichten (zarter Zweig zu Uranusberg). Allmählich hört man auch immer deutlicher auf die Seele, den noch zarten Zweig in den Mondberg. Das geht nicht ohne innere Gefühlsbewegtheit ab, denn ab 55 strebt die „normale" Herzlinie stark in den Saturnberg: Verantwortung, soziale Aufgaben, Pflichten. Den sich zart anbahnenden Zweig zum Jupiterberg muss man noch verstärken.

Beachten Sie bitte: *Ihr äußerer Lebensablauf (rechts) stimmt oft mit den inneren (links) Erlebnissen nicht genau überein.* „Denn wie's da drinnen aussieht …" Bei der doch recht kleinen Hand nehmen wir die Zeitmarkierung auf zwei Jahre vor und zurück: Bei 40 also schon 38 oder erst 42.

2. Übung zur Deutung der Hände

Bitte betrachten Sie die beiden Handbilder in Abb. 54.

Versuchen Sie nun die Hände dieser beiden verschiedenen Personen zu deuten. Linke Hand (also innere Vorgänge) Karin, 45 Jahre (a), rechte Hand (also äußerer Lebensablauf) Kurt, 53 Jahre (b).

Zu Ihrer Kontrolle: Auf S. 174 finden Sie eine kurze Analyse beider Hände. Sie werden sicherlich fast alles richtig gedeutet haben!

3. Übung für Ihre Kombinationsgabe: Meine eigenen Hände

3.1 Innenhand

Betonung meiner Hand: Ich- oder Du-Seite oder gleichmäßig?
Wie verteilen sich die Schwerpunkte der Quadranten?
Wie sieht meine Lebenslinie aus: Länge, Weite, Beschaffenheit?
Finden sich Merkmale auf dieser Linie?
Verkettung?
Wie sieht meine Kopflinie aus: Länge, obere Handhälfte, Verdoppelung, Unterbrechung?
Wie sieht meine Herzlinie aus: Länge, Merkmale?
Gesperrte Hand, Impulslinie, Energielinien, Protektionslinie, Angstlinie?
Planetenkräfte meiner Finger: Daumen, Jupiterfinger, Saturnfinger, Apollofinger, Merkurfinger: Länge, Beschaffenheit, Taille?
Die Beschaffenheit der drei Fingerglieder: Längs- und Querlinien auf den Fingern?
Meine Fingerberge: Größe und Dominanz der Berge einzeln und im Gesamtanblick?
Habe ich diese Nebenlinien und sind sie in meiner Hand betont und sichtbar: Saturnlinie, Apollolinie, Merkurlinie, Uranuslinie, Neptunlinie?
Wo habe ich Markierungen und Zeichen, und welche?
Noch einige Nebenlinien: Kontakt-, Kinderlinien, Raszetten, Plutolinie, Via Lasziva, Fantasielinien, Saturn- oder Jupiterring, Auge Gottes.

3.2 Außenhand

Rumpf- oder Fingerhand?
Knoten, Fingerneigung?
Nägel?
Welche Planetenhand kann ich in meinen Händen erkennen?
Mein Zeitschlüssel?

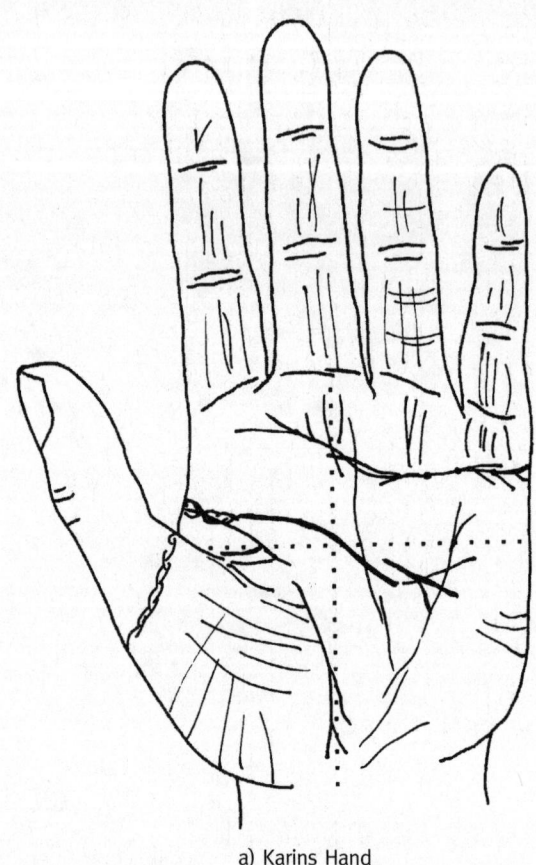

a) Karins Hand

Abb. 54: Übungsbeispiele

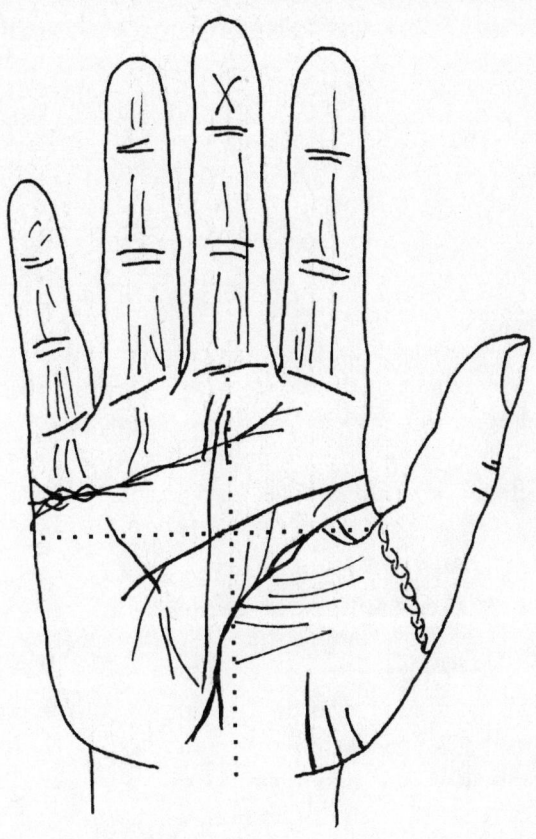

b) Kurts Hand

Deutung der beiden Beispiele von Abb. 54 a) und b)

Linke Hand: Karin, 45 Jahre
Eine stark geprägte Kindheit. Ab dem 10. Lebensjahr schwungvolle unbeirrte Verstandesintensität. Der Lebensvitalität werden viele Energien zugeführt, obwohl um 30 ein innerer Verlust den Lebensfluss abzublocken schien. Kurz vor Berufsende wird eine Vielzahl von neuen geistigen Impulsen stark von Verstand und praktischen Ideen beeinflusst – Hobbys, ehrenamtliche Aufgaben. Das wird Karin als Schicksal annehmen. Gefühlsmäßig hat sie jetzt einen Warte- und Geduldszustand nach einigen schmerzlichen Jugenderfahrungen. Eine schicksalhafte Begegnung wird etwa ab 50 viele Emotionen wecken. Die Fingerrillen sind zielstrebig – beim Du-Finger immer wieder mal Blockaden. Die zweite Lebenshälfte wird Karin sehr viele innere Überraschungen bieten.

Rechte Hand: Kurt, 53 Jahre
Bis ins Alter zeigt sich eine kraftvolle Lebensintensität. Zwischen 20 und 40 war allerdings eine Flaute, eine markante Pause. Kurt fasst das Leben mit Ernst und Verantwortung auf. Unbeirrt sein beruflicher Weg. Er kann mit Verstand alles erfassen und pragmatisch und einfallsreich umsetzen. Mit übervollem Gefühl will er an das Du heran. Nach turbulenter Kindheit und einigen bewegten Emotionserlebnissen kann er aber alle Impulse, die er durch die Umwelt erfährt, produktiv für seine Entfaltung nutzen. Wenige klare Fingerrillen verstärken alle Kräfte. Seele und Ideale treten nicht so dominant in Erscheinung.

Register